青少年探索文库
QingShaoNian TanSuoWenKu

U0570936

# 外国人教子故事

胡小岩　编

吉林人民出版社

**图书在版编目（CIP）数据**

外国人教子故事 / 胡小岩编. — 长春 : 吉林人民
出版社, 2010.10（2021.3重印）
（青少年探索文库）
ISBN 978-7-206-07082-2

Ⅰ.①外… Ⅱ.①胡… Ⅲ.①家庭教育—青少年读物
Ⅳ.①G78-49

中国版本图书馆CIP数据核字(2010)第192158号

# 外国人教子故事

编　　者 : 胡小岩
责任编辑 : 王　斌
吉林人民出版社出版（长春市人民大街 7548 号　邮政编码:130022）
印　　刷 : 三河市燕春印务有限公司
开　　本 : 700mm×970mm　　1/16
印　　张 : 13　　　　　字数 : 110 千字
标准书号 : ISBN 978-7-206-07082-2
版　　次 : 2010 年 10 月第 1 版　　印　次 : 2021 年 3 月第 2 次印刷
定　　价 : 39.00 元

如发现印装质量问题,影响阅读,请与印刷厂联系调换。

# 目　录

# 始于餐桌的家庭启蒙教育

英国素有"把餐桌当成课堂"的传统。从孩子上桌用餐第一天起，家长就开始对其进行有形无形的家庭启蒙教育，使得孩子首先成为餐桌上彬彬有礼的小绅士。

孩子长到一周岁左右，开始喜欢自己用汤匙喝汤吃饭。绝大多数英国家长认为，孩子想自己进食，标志着对"独立人格"的向往，应给予积极鼓励。在进餐时，小孩受到的第一个礼仪教育就是要杜绝挑食。英国人普遍认为挑食的坏习惯多是幼儿时期家长纵容造成的，因此，他们绝不姑息这种坏习惯。当孩子只吃某种菜而对其他菜不屑一顾时，家长往往会对其进行劝阻或把这种菜收起来。他们认为，餐桌上对孩子的迁就不仅会影响孩子摄入全面、均衡的营养，而且会使孩子养成任性、自私等不良品格。

　　英国孩子一般在两岁时开始系统地学习用餐礼仪，四岁时基本学会用餐的所有礼仪，五岁左右已经能做一些在餐前摆好餐具、餐后收拾餐具等力所能及的杂事了。更重要的是，他们认识到这样做是起码的礼貌，而不是帮家长在做。

　　环保教育也是英国儿童餐桌教育中的一项重要内容。五六岁的孩子都知道哪些是经再生制造的"环保餐具"，哪些塑料袋可能成为污染环境的"永久垃圾"。在外出郊游前，他们会在家长的指导下自制饮料，而尽量少买易拉罐等现成食品。平时他们还会注意节约用水用电，因为家长告诉他们"滥用资源，即意味着对大自然的侵害"。

　　"餐桌教育"只是孩子们所受到的启蒙教育的开端。在英国家庭中，绝对看不到父母对孩子没有理由的娇宠，父母往往在尊重孩子独立人格的前提下，对他们进行严格的管束，孩子犯了错误会得到纠正甚至受到惩罚。孩子必须懂礼貌，说话客气，对父母兄弟姐妹也不例外。待人彬彬有礼，言谈举止符合标准，这仅是英国家庭中对小绅士们的一个最基本要求。

　　英国人普遍认为，溺爱和娇宠是孩子独立人格形成的最大障碍。要使孩子成年后，能够适应社会的要求，就必须从小培养他们独立生活的能力，让他们学会尊重他人和自我克制，知道为自己的行为负责。正如河水不能泛滥，人同样也不能任性而为。孩子如果不懂得自我克制，将来也不会有大作为的。

　　孩子们在玩耍时，如果磕了、碰了，或是受点儿小伤害，通常都是采取忍受的办法，因为他们知道自己哭闹在父母那里是得不到安慰和呵护的。相反，那些不能忍受疼痛而肆意哭闹的孩子还会遭到父母严厉的训斥。日子久了，孩子们就会渐渐明白，生活中有些苦痛只能自己默默承受，有些困难只能自己尽力解决。在这种教育方式下成长起来的孩子，通常都具有坚韧不拔的性格，而几乎所有英国人都认为这正是成就伟大事业的基础。

可以说，英国孩子所接受的一系列家庭启蒙教育都是从餐桌开始的，餐桌成为孩子们最初的成长课堂。通过餐桌教育，他们学会了举止适度，待人有礼；他们学会了尊重他人，塑造自我，学会了从身边小事做起全面培养自己的美好品质。正如一位教育专家所说："文明礼貌对个人事业的成功极有帮助，大的商业交易或爱情往往是从餐桌上开始的。"

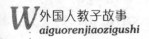
# 注重培养艺术感受力的俄罗斯教育

俄罗斯是一个有着悠久艺术传统的国家，在那里，曾经诞生过列宾、柴可夫斯基、乌兰诺娃等一位位具有世界影响的艺术巨匠。今天的俄罗斯，依然充满着浓厚的艺术气息，家长让孩子从小就接受艺术的熏陶，激发他们对艺术的兴趣，并抓住一切时机培养孩子们对艺术的感受力和审美鉴赏力。

在周末或节假日，俄罗斯人最喜欢去的地方就是剧院。在那里，经常能看到父母和孩子们一起看剧，有的孩子还手捧一束鲜花，那是他们准备送给自己喜欢的演员的。一般在演出结束后，观众并不急于离开，他们仿佛仍然沉浸在优美的艺术境界中，而演员谢幕、小观众献花有时竟持续达半个小时。在这种艺术氛围的感染下，孩子们手捧鲜花走上舞台也是落落大方，丝毫没有羞怯感。

音乐厅同样是俄罗斯家长经常带孩子去的地方。在那里，我们看到的是一个个聚精会神欣赏世界名曲的小观众，他们时而会心微笑，时而和大人一起鼓掌，好像已经完全理解了音乐的蕴含。其实，他们能听懂多少并不重要，重要的是我们能感受到他们的掌声是真诚的，他们的喜悦是发自内心的，显然，这与他们日积月累培养起来的艺术感受力是分不开的。在音乐声中长大的孩子，能够深切地感受到乐曲丰富的情感特征，会随着节拍和旋律的变化，任想象的翅膀自由飞翔。难怪有人说，音乐是智慧的源泉，是开启灵感的一把钥匙！

005

艺术博物馆也是俄罗斯家长经常带孩子们光顾的地方。在艺术品前，我们经常会看到父母俯身向孩子耐心指点、讲解，而大多数博物馆对小观众都是免费的。可以说，整个俄罗斯社会为少年儿童的全面发展和特长的发挥提供了良好的综合教育平台。业余音乐、美术、体育学校和少年宫不计其数，孩子们在那里不仅丰富了业余生活，还通过与同伴们一起学习，培养了与人交往的能力及刻苦求学的毅力。

俄罗斯父母热情支持孩子参加业余活动，并不是为了培养音乐家、画家或运动健将，而是希望孩子了解并尊重自己祖国的文化，有一定的艺术修养和强健的体魄，让他们的生活更加丰富多彩。

音乐是流淌的画卷，美术是凝固的音符，舞蹈是流动的诗篇。我们赏画、听曲、观舞，引领孩子在艺术的长廊中怡然徜祥，进行一次畅快的精神之旅，有助于陶冶情操，增强他们感受美、欣赏美和创造美的能力。让艺术之光烛照孩子心灵，能够帮助他们启迪智慧，提升品位，获得终生受益的精神财富！

只要有人类的地方就有艺术，艺术是人类生活中不可或缺的部分。从西班牙阿尔塔米拉洞窟中琳琅满目的原始壁画到青海孙家寨出土的构图生动的舞蹈纹彩陶盆，从扣人心弦的《命运交响曲》到表达人类和平愿望的画作《格尔尼卡》，这些形形色色、丰富多彩的艺术形式，始终都在滋养我们的心灵，丰富我们的情感世界！

# 流行于美国的幼儿阅读教育

　　电视、家庭影院、互联网等视觉媒体在冲击成人世界的同时，似乎也不知不觉地占据了儿童的大量游戏时光，以致他们阅读纸介质读物的时间越来越少。家长抱怨孩子们感兴趣的东西太多，唯独对看书不感兴趣。如何激发孩子的阅读兴趣，培养他们良好的阅读习惯和阅读能力，这似乎是令许多家长头疼的问题。

　　美国教育家杰姆·特米里斯提出了幼儿阅读启蒙教学法。他认为孩子的读书兴趣是可以培养的，但要从小开始，要依靠父母来激发。父母应在孩子很小的时候就养成为他们朗读的习惯，开始时孩子可能听不懂，甚至不愿坐下来安心静听。但儿童对和父母一起进行的活动总是感兴趣的，只要家长有毅力，能坚持每天分给孩子 20 分钟，他们对阅读的兴趣或许就会在抑扬顿挫的朗读声中逐渐产生。

孩子坚持听读可以使注意力集中，有利于扩大词汇量，并能激发想象，拓展视野，丰富情感。在每天 20 分钟的听读中，孩子会逐渐领悟语句结构和词意韵味，产生想读书的愿望，并初步培养广泛阅读的能力。

杰姆·特米里斯认为孩子听读越早越好，父母选取的朗读内容要生动有趣，能吸引他们的注意力，随着孩子年龄增长，内容可以逐步加深。他强调运用这种方法的关键是父母一定要有爱心，日复一日，年复一年，家长的付出最终会有满意的收获。特米里斯的理论得到许多有识之士的赏识和支持，在他的倡导下，美国开始流行"请为孩子朗读"、"您一天中最重要的 20 分钟"等活动。有的父母可能会问了：我的孩子现在每天都花费大量时间看电视，这不也是在"听读"吗？怎么不见孩子阅读兴趣提高呢？特米里斯如是回答，色彩纷呈的电视图像使得孩子不能把注意力完全集中在"听"上，而且还会抑制孩子的想象力，无法专心感受语言的意蕴。

大量研究资料表明，孩子每天看电视 3 小时左右，读书效率会骤减。这一研究结果也提醒各位家长朋友，孩子如果花费过多时间看电视将会影响智力开发。父母必须从自身做起，养成良好的生活习惯，用科学的方法来培养孩子。每天晚上或是茶余饭后，您不妨从自己宝贵的时间里分出 20 分钟，耐心地为孩子朗读一首儿歌，讲一个故事，读一篇美文。随着孩子理解力逐渐增强，家长可以每天为他们分讲一段长篇故事，让他们对第二天的阅读活动有所期待。这既锻炼了孩子的阅读理解能力，又丰富了亲子教育的内容，何乐而不为呢？

据说，美国教育学家曾对刚入幼儿园的儿童进行测试，结果发现：听过家长读书的孩子的阅读水平，要远远高出那些没有听过家长读书的孩子的阅读水平。家庭朗读并不仅限于让孩子增加学习技巧或增长知识，也让孩子在每天和家长共同进行的活动中，感受到父母之爱的环绕。全家人坐在一起读书，这本身就是一幅感人的画面。

余秋雨说："生命的质量需要锻铸，阅读是锻铸的重要一环。"在阅读中，我们提升品位，增长智慧，丰富自己的心灵世界。人们常说："读万卷书，行万里路。"前者指读书，后者指阅世。读书是为了阅世，会读书者更会阅世。帮孩子养成终生阅读的习惯，让书卷之气涤荡心胸，我们终会摆脱平庸，将命运掌握在自己手中，活出一份潇洒！

# 重视智慧启蒙的犹太家庭教育

犹太人的时间观念极强，如果孩子问起现在是几点钟，他们通常会说："现在是 11 点 25 分 36 秒。"而很少说"快 11 点半、11 点多钟了"这样模糊的概念。他们教育孩子从小就要珍惜时间，多做些有意义的事。

在犹太家庭里，当孩子稍微懂事时，母亲就会在典籍上涂抹蜂蜜，让尚不识字的孩子去吻。其用意不言自明，就是要让孩子从小知道书的味道是甜的。古代犹太人将书看到破旧得不能再翻的时候，就挖个坑郑重地将书埋掉。这时候，父母总是要孩子一起参与，他们对孩子说："书是人生命中最宝贵的东西。"犹太家庭还有一个传统，即书柜要放在床头，放在床尾则会被认为是对书不敬，进而遭到亲戚、朋友的唾弃。

如果问犹太人这样一个问题："人最重要的是什么？"他

们一定会回答："智慧。"一般来说，在孩子刚刚懂事时，父母就会教育他们，智慧比财富和地位更重要。几乎所有的父母都问过孩子这样的问题："假如有一天，你的房子被烧毁，你的财产被抢光，你将带着什么东西逃跑呢？"如果孩子回答说是钱或钻石之类的东西，母亲将进一步启发："一种没有形状、没有颜色、没有气味的宝贝，是什么呢？"当孩子无法回答时，母亲就会说："孩子，你要带走的不是金钱，不是钻石，而是智慧。智慧是任何人都抢不走的，只要你还活着，智慧就会伴随你一生。"关于智慧的观念就这样深深扎根在犹太孩子心中。

犹太民族非常看重知识，但是与知识相比，智慧和才能更重要。他们把仅有知识而没有才能的人，比喻为"背着很多书本的驴子"。在他们看来，这种人即使有很多知识，也无实际用武之地。犹太人崇尚创新，认为没有创新的学习只是一种模仿，学习应该以思考为基础，怀疑才是开启智慧大门的钥匙。知道的越多，越会产生疑问，问题也就随之增加。所以，当孩子放学回家时，家长的第一句话往往是："你又提问了吗？"

犹太人始终认为"赚钱从娃娃抓起"是最好的财商教育方式。在犹太家庭中，没有免费的食物和服务，孩子们只有学会赚钱，才能获得所需要的一切。培养孩子延后享受的观念，是犹太人财商教育最重要的一点，也就是说要延期满足自己的欲望，以追求未来更大的回报。

　　犹太父母会对孩子说："如果你喜欢玩，就需要牺牲你的自由时间，来获得全面的教育和优异的成绩。这样，你才可能找到很好的工作，赚到很多钱，才可以玩更长的时间，买更高档的玩具。如果你颠倒了顺序，整个系统就不会正常工作，你就只能玩很短的时间，只会拥有很便宜的玩具，你的快乐可能只是一时的，却不会是长久的。"似乎可以这样说，惜时如金，求知若渴，永远的探求心境，延后享受的理念，构成了犹太人家庭智慧启蒙教育的核心。

# 尊重是送给孩子最好的礼物

在美国，父母常常是蹲下来同孩子说话的。他们认为大人与孩子之间是一种平等的伙伴式关系，任何人都没有权利强迫别人仰视自己。眼睛同孩子保持平视，他们才会感到踏实、快乐和受到足够的尊重。当孩子不肯吃饭时，家长从不强迫，而是委婉地说："你看牛肉汉堡在等着你呢，你不吃它，它该不高兴了。"孩子做错了事，家长也很少指责孩子，而是说："我想你不是有意的，下次就不会这样做了。"带孩子去买衣服，他们也很少以命令的口吻说："买这件！"而是用商量的语气说："我觉得这件更适合你！"

其实，是否蹲下来同孩子说话，只是一种方式问题，本身并不重要；重要的是，在父母心中，是否把孩子当做一个真正具有独立意识的个体。请不要忽视孩子的平等观，爱他就要学

会尊重他。我们所要表达的爱，是要对方接受的爱，而不是强制的、灌输的爱，千万不可由"爱"生"碍"。

## 尊重孩子的个人自主权

家长带孩子外出做客，主人若拿出食物招待孩子。父母不会替孩子回答"不要"、"不吃"、"不许"之类的话，也不会在孩子表示接受时对之呵斥。他们认为，孩子想要什么或是想看什么，本身并没有错，任何人都没有理由横加干涉，只能根据情况适时适当地作出解释和说明以作引导。美国父母反对人前教子，更不会当着众人的面说孩子"愚笨"、"调皮"、"没出息"，不然，这样的父母也会被人看不起。

美国父母很少干涉孩子的活动，而是允许孩子独立支配课余时间，自由选择学习自己喜欢的乐器或其他技能。他们也很少在孩子的学习方面施加压力，家长的观点是：孩子喜欢的自然就会努力去学；不喜欢的即使强制去学，他们也没有动力，反倒会伤害孩子的感情和天性。人的爱好和才能本来就各不相同，何必要千篇一律呢？孩子适合做什么就做什么，走好自己的路更重要！

## 孩子是家中的小主人

美国很多孩子从婴儿时期就独自睡小床，两三岁的幼儿已经有自己的房间了。孩子从小就有存放衣服、玩具和学习用品的地方，自己收拾房间，可以自由整理、布置属于自己的"小天地"。父母很少做孩子的"行政长官"，最多从旁提醒、参谋。孩子还可以参与家庭大事的决策，如购买什么牌子的汽车、家电、电脑，怎样利用和美化庭院等，父母都会倾听并参考孩子的意见。

有的父母家财万贯，他们不知道该给孩子什么；有的父母家境贫寒，他们不知道能给孩子什么。其实，爱来自内心，尊重就是送给孩子最好的礼物。一个鼓励的眼神、一次真情的拥抱、几句善意的话都足以滋养孩子的心灵，陪伴他们健康成长。事实证明，受到父母尊重的孩子也懂得尊重别人，他们大多彬彬有礼，善于为他人着想，他们更懂得如何去爱别人！

# 让孩子把自己变成财富

016

　　《福布斯》杂志的封面上曾刊载过一幅别开生面的画：一个穿戴讲究、事业有成的父亲正将装满铁锯、扳手、锤子的工具箱交给年幼的女儿，孩子举起双手接过木头箱子。这幅画的含义是：美国人似乎急于向世界宣布，他们更愿意给孩子们"工具箱"，而不是万贯家财。交给孩子们开门的钥匙比带领他们进入房间更为合适，这可以说是美国父母在教育孩子问题上的共同看法。

　　著名喜剧演员戴维·布瑞那在事业有成后，曾经回忆自己成长道路上的一件事。中学毕业时，布瑞那问父亲可以给他什么礼物，父亲把手伸进上衣口袋，取出一样东西，轻轻放到儿子手上——竟然是一枚硬币！父亲语重心长地说："用它去买一份报纸，一字不漏地读一遍，然后在广告栏里找一份工作。

自己去闯一闯吧，它现在已经属于你了。"

布瑞那成名以后，回忆这件事时说："我当时一直以为父亲是在开玩笑。几年后，我去部队服役，当我坐在伞兵坑道里回想我的家庭和这几年的生活时，才意识到父亲给了我一件什么样的礼物。别的孩子得到的是新衣或者汽车，父亲给予我的却是整个世界，这是我得到的最好的礼物！"

在美国，家庭教育是以培养孩子富有开拓精神、能够自食其力为出发点的。孩子很小的时候，父母就培养他们独立生活的能力，让他们自己动手打扫房间、整理衣物、教他们认识和使用各种工具及电器，等等。父母常对孩子说："你应该学会用这些工具，有什么东西坏了，就可以自己修理了。"

工具包、螺丝刀、钳子等，家长在使用这些东西时，会顺便将它们的用途、性能及安全使用的方法，一一教给孩子们，让他们掌握操作要领。家里无论哪样东西出了毛病，父母都会鼓励孩子大胆尝试自己修理。只有当孩子实在修理不上时，父亲才会就关键问题予以指点。孩子一边忙一边问，父亲耐心地回答着，俨然一对同龄的朋友，在培养孩子动手能力的实践中演绎着一幅其乐融融的亲情图画。

日本教育孩子有句名言：除了阳光和空气是大自然的赐予，其他一切都要通过劳动获得。在孩子小时候，家长就向他们灌输一种观念："不给别人添麻烦！"并在日常生活中注重培养他们的自理能力和自强精神。全家人外出旅行，即使是年

龄最小的孩子，也要背一个小包。父母的理由是："这是他们的东西，应该由他们自己来背。"学生在课余时间通过劳动挣钱也是很平常的事，他们靠在快餐店打工、在超市售货、在养老院照顾老人、做家庭教师等来挣自己的学费。富家子弟也不例外。

家长可以给孩子现实的财富，也可以帮他们练就把自己变成财富的本领。然而，给孩子一座金山，不如让他们拥有点石成金的手指。坐享其成可能上演的只是一幕坐吃山空的悲剧，拥有金手指的人才能获得真正属于自己的财富。让孩子把自己变成财富，也许付出的过程是辛苦的，体验的却是创造的喜悦，拥有的则是能够伴随自己一生的幸福。

# 为孩子营造快乐的学习气氛

　　19 世纪英国著名教育家斯宾塞曾做过这样一个实验，他把孩子分成两组，告诉其中一组孩子："我一发出口令你们就往教堂跑，那里正在举行婚礼，先到的有糖果奖励。" 他又对另一组孩子说："你们要尽快跑到教堂去，越快越好，落后的会被惩罚。"随着他的一声令下，孩子们都飞快地跑了起来。结果，那组知道先跑到教堂可以参加婚礼还有糖吃的孩子，先到的很多，而且到达以后，大家都很兴奋。另一组孩子则反应平淡，很多跑到一半就停下了，既然共同受罚的人多，惩罚也就无所谓了。

　　从这个实验可以看出，把"跑到教堂"当做一件快乐的事来做的孩子跑起来就轻松得多，也有动力；而当成命令来执行的孩子实现目标的愿望却不是那么强烈，即使有惩罚的威胁，作用也不大。斯宾塞说，每个老师和父母都应该慎用自己对孩子的支配权，不要使孩子总是在恐惧的情绪中学习，"就像你不可能在一张抖动的纸上画下什么美丽的图画一样，你也不可能在一个颤抖的心灵上留下什么有用的知识。"

斯宾塞可谓身体力行实践自己的教育理论。一年夏天，他给儿子买来一架脚踏风琴，并对儿子说："这是一架有魔力的风琴，只要不断用脚踩踏板，同时用手按上面的黑白琴键，它就会唱歌，如果你懂得了这7个数字组成的魔法，它更是会唱出美妙的歌。"小斯宾塞听了非常兴奋，风琴刚安好，就迫不及待地坐上去弹了起来。听着指尖流淌出的琴音，他快乐得不得了。

家中的保姆却总是在背地里议论小斯宾塞："他可能在音乐上一点儿天赋都没有，一支简单的曲子，学了很多遍还弹不好。"小斯宾塞受到打击，学习的兴趣一扫而光，不喜欢练风琴了。斯宾塞知道原因后，对保姆说："不要用不恰当的方法扼杀孩子的天赋。如果弹风琴变成了一件紧张而痛苦的事，那么音乐是学不好的。"接下来，他鼓励儿子："宝贝儿，我特别喜欢你弹的那首曲子，叫什么来着？"孩子眼睛一亮，说出了自己最喜欢弹的曲目名称，然后又轻松地坐在风琴前弹了起来。

在恐吓和惩罚等压力下被动获得知识的人，感受到的只是学习的痛苦，甚至当日后脱离学习环境时，就再也不想深入钻研了；在快乐的学习气氛中主动汲取知识的人，体验到的是学习的乐趣，这种获得知识的成就感可能还会激励他们终身进行自我教育。

快乐是石，击出希望之火；快乐是火，点燃智慧之灯；快乐是灯，能够把平淡的生活照亮，把无目的的漫游变成有理想的追求，能够激励孩子们带着美好的梦想，于书山中刻苦攀登，在学海中扬帆远航，展现最好的自我，创造明天的辉煌！

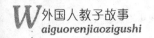
# 帮孩子走出自卑的阴影

　　戴尔·卡耐基被称为"第一代成功学大师"，曾以自己的演讲和著作唤起无数迷惘者的斗志，激励他们走向成功。令人难以置信的是，这位处处受到热烈欢迎的人际关系学家，却有相当长一段时间生活在自卑的阴影中！

　　幼年时的卡耐基长得非常瘦小，满头稀疏的淡黄色头发，一对儿与脑袋极不协调的大耳朵，因为淘气还失去了一根手指，这更使他成为小伙伴们嘲笑的对象。为此，卡耐基常常暗自流泪，表面上却以更加淘气的举动来回应同伴对自己的排斥。

　　卡耐基9岁的一天，父亲把继母娶进家门，在向继母介绍卡耐基时说："亲爱的，希望你注意这个全郡最坏的孩子，他已经让我无可奈何了。说不定明天早晨，他就会拿石头扔向你，或者做出让你完全想不到的坏事。"

出乎意料的是，继母微笑着走到卡耐基面前，托起他的头认真地看着他，对丈夫说："你错了，他不是全郡最坏的男孩，而是全郡最聪明最有创造力的男孩。只不过他还没有找到发泄热情的地方。"

继母一番话说得卡耐基心里热乎乎的，眼泪都要流出来了。在这之前，还没有谁夸奖过他，他一直都被贴着坏孩子的标签，活在自卑的阴影中。他开始和继母建立了友谊，遇到不开心的事总是喜欢去找继母倾诉，继母也总是能适时地给予他鼓励，帮助他摆脱恶劣情绪的干扰，打起精神继续努力学习。

一次上数学课时，卡耐基被老师叫到黑板前解答问题。他刚走上讲台，就听见身后爆发出一阵阵怪里怪气的笑声。他被笑得莫名其妙，下课后才知道原来是坐在他后面的一个捣蛋鬼，在他破夹克的裂缝处插了一朵玫瑰花，旁边还贴了一张字条，上面写着："我爱你，瑞德·杰克先生。"（在英语中，"瑞德·杰克"与"破夹克"谐音。）

回家后，卡耐基对继母说："妈妈，我穿着破衣服老是被同学们笑话，不能集中精力听讲，我不想上学了。"继母说："孩子，为什么不想想办法，让他们佩服你、尊敬你呢？记住，只要有一颗坚强的心，就一定能克服所有的困难，成为强者！别难过，到了秋天，妈妈一定给你买套新衣服。"卡耐基被继母坚强有力的话点醒了，他懂事地点点头，脸上露出笑容。

继母对卡耐基寄予厚望，希望他将来做一名传教士或教员，这成为他前进的巨大动力。高中毕业后，卡耐基考上了州立师范学院。他发现，学校的辩论会及演讲比赛非常吸引人，优胜者的名字不但广为人知，还被视为学校的英雄人物。这是一个成名和成功的好机会，卡耐基花了很多时间来练习，前前后后参加了12次比赛。可是，一次次都失败了。他心灰意冷，甚至想到过自杀。

在继母的不断鼓励下，卡耐基一次次振作起来，终于在1906年以一篇《童年的记忆》为题的演说，获得了勒伯第青年演说家奖。这次演说的成功，给卡耐基以极大鼓舞。从此，他彻底走出了自卑的阴影，不仅自己取得了成功，还帮助许多人走向成功，而被称为"美国现代成人教育之父"。

身体有缺陷或者家境不好的孩子，心里常常会有不同程度的阴影，他们因为并未完全失去对生活的信心，而格外敏感、脆弱，容易受伤害。面对这样的孩子，父母或老师应该给他们更多的关爱，让他们学会坦然面对自身的缺陷或困境，用爱心为孩子的生活注入缕缕阳光，帮助他们走出自卑的阴影，一路踏歌而行，成就美好的人生！

西方有句谚语说："上帝在为你关上一道门的同时，也打开了一扇窗。"我们往往忽略了那扇明亮的窗，而生活在自怨自艾的阴影中，甚至躲在他人的耀眼光环下哀叹自己的成功来得太过艰难。当你在自卑的阴霾下艰难呼吸的时候，可曾想过在这个世界上还有一些远远不如我们的人，他们甚至无法拥有和正常人一样生活的权利！海伦·凯勒仅仅要求三天的光明；张海迪不奢求刘翔一样的速度，能像普通人一样行走已足以令她欣慰了。还有许许多多这样的人，他们将怨天尤人踩在脚下，以昂扬的斗志浇灌自己的生命之花，以弱者的坚强织就了锦色年华。

# 让孩子为自己的错误"埋单"

在美国，如果孩子走路不小心被凳子绊倒或是碰到身体某个部位，家长往往会一笑置之，让孩子自己爬起来。如果确实磕疼了，妈妈也只是揉一揉，安慰说："没关系，一会儿就不疼了。"而很少迁怒于物体，比如说："我们打凳子，害宝宝跌疼。"于是就出现这样的场面：妈妈作势打凳子，脸上还挂着泪珠的孩子也不哭了，满意地看着妈妈打凳子。

这一招从表面上看似乎无伤大雅，实则不然，它可能会给孩子传送一个错误信息：以后有什么自己不喜欢面对的事，都可以找到"替罪羊"。孩子绊倒了，妈妈本来可以告诉他：下次走路要避开凳子。如果家长带头迁怒于他者，就会给孩子造成一种思维定势，有什么事都是别人的错，而不会从自己身上找原因。长此下去，孩子的责任感可能就在寻找"替罪羊"的过程中慢慢丧失了。

缺少责任感的孩子，缺少的不仅是一份担当的勇气，他们往往也容易失去前进的动力，沉浸在精神的迷茫中无所适从。底色苍白的人生很难绘出美丽的图案，所以，家长应该从小培养孩子具有责任感，让他们勇于为自己的错误"埋单"！

1920 年的美国曾经发生这样一件事，一个 9 岁的男孩在踢足球时，不小心打碎了邻居家的玻璃。邻居向他索赔 12.5 美元，这在当时可是个不小的数目，怎么办呢？闯了大祸的男孩勇敢地向父亲承认了错误，父亲让他为自己的过失负责。男孩为难地说："我哪有那么多钱赔人家啊？"父亲拿出 12.5 美元，说："这钱可以先借给你，但一年后一定要还我！"

从此，那个男孩每逢周末、节假日便外出打工赚钱。经过半年的努力，他终于挣足 12.5 美元，还给了父亲。他，就是后来成为美国总统的罗纳德·里根。里根在回忆这件事时说："通过自己的劳动来承担过失，使我懂得了什么叫责任。"

孩子通过为自己的错误"埋单"，能够更深刻地体会到自己的过失所造成的直接后果，从而进行自我反省，保证今后少犯或者不犯类似错误。躲避责任，只会让孩子在成长的道路上一错再错，甚至造成硬伤。不能对自己负责，又何谈对他人、对社会负责呢？

责任感不是与生俱来的，而是在适当的条件和环境中逐渐萌发的。家庭可以说是培养孩子责任感的最初土壤，父母作为孩子的第一任老师，应该利用身边的一切机会及时加以引导，让责任的种子在孩子的心中生根发芽，激励他们成长。勇于为自己的错误"埋单"，才有可能在人事的纷争中少几分计较，多几分练达；于世事的潮起潮落中，多几分闲看花谢花开的平淡与从容。勇于为自己的错误"埋单"，更多的是那份对生命的尊重及对幸福的追求！

# 不要扼杀孩子的好奇心

　　"一花一世界，一叶一菩提"，浩渺宇宙的万事万物都有自己的独特之处，关键在于你是否长了一双发现的眼睛，有幸让自己走进那个桃源般的世界，拥有一份别样的收获。一个苹果落在地上，恰巧吸引了一双好奇的目光，于是，牛顿发现了万有引力定律；水快烧开了，锅盖一上一下地掀动着，"更多的蒸汽是不是可以推动更大、更重的东西呢？"带着童年的疑问，长大后的瓦特发明了蒸汽机，点燃了第一次工业革命的火种……

　　历史上无数伟大的发明和发现并不像我们想象的那样神秘，只要有强烈的好奇心，持之以恒地钻研下去，你我也可以成为"牛顿"、"瓦特"、"爱迪生"……著名物理学家李政道说："好奇心很重要，要搞科学离不开好奇。道理很简单，只有好奇才能提出问题、解决问题。可怕的是提不出问题，迈不出第一步。"

随着年龄的增长，幼儿好奇心也在不断增强，他们感兴趣的事物越来越多，想要知道的问题也越来越多。家长应该学会呵护孩子的好奇心，善待他们提出的每一个问题，让好奇的种子在孩子幼小的心灵中生根发芽，结出智慧的果实。

一位母亲带着自己 5 岁的儿子去拜访一位著名的化学家，想了解这位杰出人士是如何踏上成才之路的。化学家什么也没说，只是把他们带到了自己的实验室。看到那里的瓶瓶罐罐和五颜六色的溶液，孩子非常兴奋，他看看科学家，看看母亲，小心翼翼地将手伸向一个盛有黄色溶液的瓶子。这时，身后传来一声断喝，母亲快步走到儿子身边，孩子吓得急忙缩回了手。

化学家哈哈大笑，对孩子的母亲说："我已经回答你的问题了。"母亲有些摸不着头脑，化学家漫不经心地将手伸进溶液中，笑着说："这只是一杯染过色的水而已，你的一声呵斥出自本能，但也吓走了一个天才。"

许多父母都容易犯这样的错误，他们总是以自己的经验来约束孩子的好奇心，结果在既定轨道上成长起来的孩子，对一切事情也都见怪不怪了，他们习惯于接受现状而毫无创新意识，只会跟在别人后面重复着昨天的故事。

还有一个 5 岁的男孩，名叫杰克。他聪明伶俐，总有问不完的问题，有时让父母都不知如何回答才好。一天，杰克对自己的玩具汽车产生了兴趣，想拆开来看个究竟。可是，怎么都装不上了。当母亲看到被"肢解"的玩具时，生气地说："你又搞破坏了。这可是爸爸送给你的生日礼物，刚买没几天就被弄成这样，以后还能给你买玩具吗？"

杰克也有些害怕，惴惴不安地等待着爸爸的惩罚。出乎意料的是，爸爸不仅没生气，反而笑着对他说："杰克，和爸爸一起把玩具安装上，好吗？""好啊！"杰克高兴地说。爸爸一边给杰克讲解玩具的构造，一边鼓励他自己动手完成组装小汽车的任务。两人说着做着，就像一对同龄的朋友。在父亲的帮助下，杰克终于自己把玩具汽车安装上了，并从中学到了很多机械方面的知识。

爱因斯坦说："儿童本来是天生的科学家，直觉渴望研究周围的世界。你不需要许多科学术语或昂贵的实验仪器，只需要跟他们一起寻根究底就行了。"对于孩子来说，每一滴水都是一个晶莹的世界，每一朵花都有自己独特的美丽，他们倾听着花开的声音，注视着月亮的阴晴圆缺。大千世界的缤纷世相让他们感到惊奇，生活的每一天都能给他们带来欣喜。面对孩子无穷无尽的问题，也许我们无力给孩子太多完整的答案，但是我们可以尽力呵护那颗好奇心，陪伴他们走过无知无畏的童年时代。鼓励孩子带着年少时的梦想上路，不断开拓，曾经的疑惑终究会变成他日的收获！

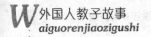

# 流行于美国的 4W 法则

一位美国家长说：人一生中最重要的有两件事，一个是教育，一个是独立。教育在孩子的心中播撒智慧的种子，激励他们刻苦攀登书山，采摘知识的果实；独立促使孩子获得打开生活之门的金钥匙，化所学为所用，于竞争激烈的现代社会中一展所长，收获人生的硕果。

在培养孩子学习书本知识的同时，更要帮助他们获得独立生活的能力，将生活之舟掌控在手中，乘风破浪，开辟属于自己的新航线。美国家长在教育孩子方面应用的 4W 法则，可以说是为孩子成长提供了充足的阳光，允许他们有一定的空间，但又引导他们在家长爱的视线下健康成长。4W 法则的具体内容是：任何时候都要了解孩子跟谁（Who）在一起，在什么地方（Where），在做什么（What）以及什么时候（When）回家。

一般来讲，儿童 3 岁左右就想交朋友，需要小伙伴，这是孩子社会性的萌芽。一个哇哇大哭的孩子，妈妈怎么哄也哄不好，如果一个小朋友过来逗他玩，他的注意力可能马上会被吸引过去，甚至会破涕为笑，和那个小伙伴一起玩耍。鼓励孩子多与人交往，有助于其健全人格的发展。但同时也要看到，就是成人也容易在坏朋友的影响下误入歧途，更何况充满稚气的孩子呢？"近朱者赤，近墨者黑"可谓经验之谈，因此，在任何时候都要了解孩子跟谁（Who）在一起。这一点很重要。

孩子放学后，可能不愿意立刻回家，他们要拥有和同学们一起度过的课余时光，在操场上进行体育活动、在快餐店边吃边聊、去书店看书或到超市购买自己需要的物品等。这也不失为放飞心情，消除一天学习疲劳的好办法。孩子在什么地方（Where）和在做什么（What）这两方面是不可分的，家长弄清楚这一点就可以放心大胆地给他们自由活动的时间了。

必须让孩子养成定时回家的习惯。孩子第一次晚回家如果没有得到及时、严肃的教育，以后就有可能更加大胆、无所顾忌地晚归，甚至在外面过夜等家长不希望发生的事情都有可能出现。"4W 法则"公式虽近刻板，回家晚的孩子却有不同的填充内容。有的孩子可能热心于操办班里同学的生日宴会，有的孩子可能背着家长在外染上不良嗜好，有的孩子可能单独或结伴做科学实验研究，发现了不少生活小窍门，所以父母不该对这四个"W"掉以轻心。

知心姐姐卢勤在分析家庭教育的"五大冲突"时说："过高的期望，带来孩子的无望；过度的保护，带来孩子的无能；过分的溺爱，带来孩子的无情；过多的干涉，带来孩子的无奈；过多的指责，带来孩子的无措。"无望、无能、无情、无奈、无措，这不仅是孩子成长天空中的阴霾，也是叠加在父母心中的阴影。爱孩子，更要会爱孩子，与孩子保持适度的距离，让自由的阳光陪伴他们健康成长！

# 发掘和培养孩子的天才基因

前苏联著名教育家苏霍姆林斯基曾说： "没有家庭教育的学校教育和没有学校教育的家庭教育，都不可能完成培养人才这一极其细致而复杂的任务。"婴儿的头脑就如同一张白纸，可塑性极强，至于能否画出最美的图案，与家长在这张白纸上写什么、怎样写有很大关系。

关于幼儿的吸收能力，世界著名教育家井深大曾经做过形象贴切的比喻：三岁之前，幼儿的头脑就像海绵一样，可以吸收很多东西。看来，家长也需要审视一下自己了，我们要面对的恐怕是自己能否恰如其分地为孩子的大脑发育提供必要的营养，而不必总是担心"给的过多"。

德国文学泰斗歌德的成才在很大程度上得益于家庭的早期教育。在歌德很小的时候，父亲就经常带着他去散步，到郊外去呼吸新鲜空气，有意识地让他多接触大自然。在路上，父亲总是耐心地给他讲解遇到的各种动植物，培养他的认知能力和观察能力。父子俩走累了，坐在草地上休息的时候，父亲就教他一句句地背诵歌谣。这些歌谣内容浅显易懂，念起来又朗朗上口，每次外出歌德都能背下一两首，随着外出次数的增多，他的记忆能力、语言表达能力也不断提高。

歌德稍大一些，父亲便带着他到各地去旅游，在饱览名胜古迹的同时，给他讲述当地的历史、地理知识及风土人情，使小歌德积累了丰厚的文化底蕴。如果旧地重游，父亲还会要求他将所学到的知识重述一遍，以加深记忆。旅游使歌德开阔了视野，增长了知识。

在歌德家中常会出现这样的场面：小歌德站在椅子上，面对观众用稚嫩的童音进行演讲。这些观众是歌德的父亲为了训练儿子的口才，特意找亲朋好友充当的。刚开始，小歌德对着那么多大人有些害怕，说话也结结巴巴、词不达意。经过一段时间锻炼后，他变得口齿伶俐，演讲起来声情并茂、极富感染力。

歌德母亲的教育艺术同样为人称道。她出身显赫，是法兰克福市长的女儿，受过良好的教育，可谓典型的贤妻良母。她爱好文学，从歌德两岁起，就每天给他讲故事，先从最容易理解的小故事开始，再慢慢给他讲长一点儿的故事，内容也由浅入深。歌德非常喜欢母亲讲的故事，每天都盼望讲故事的时光快快到来。为了使儿子养成多动脑筋勤于思考的好习惯，故事每讲到关键处，小歌德正听得津津有味时，母亲便停下来，要儿子自己设想接下来发生的事。如果歌德猜得不对，母亲也不说出答案，而是让他继续猜想，直到找出合理的答案为止。有时歌德在听故事的时候也会中途插话，说出自己的见解，母亲则会高兴地鼓励儿子继续发挥想象，大胆猜想。这也使得歌德信心大增，兴趣越来越浓厚，渐渐已不满足于听故事，而是开始编故事了。

歌德后来在回忆录上写道："这种儿童的玩艺和劳作从多方面训练和促进了我的创造力、表现力、想象力以及其他技巧，而且是在那样短的时间、那样狭小的地方、花那样小的力，恐怕再没有别的途径能够有这样的成就了。"他8岁时即能用法语、德语、英语、意大利语、拉丁语和希腊语阅读各种书籍，14岁开始写剧本，25岁时即用一个多月的时间写成了闻名世界的小说《少年维特的烦恼》。

歌德成才的"名人效应"在很多德国父母心中留下了深刻的烙印，因此许多家长都坚信良好的家庭教育是孩子早期智力发展的关键。德国一位教育专家曾说，如果将一个家庭在孩子身上的所有投资以"1"为计算单位，那么父母应将其中的50%投资在家庭教育上。

# 留给法国孩子的"星期三"

  每星期三下午，法国的小学和初中都不开课。学校里的小课堂关闭了，社会大课堂却对青少年敞开了大门。体育场上好动的男孩们在踢足球、打篮球；博物馆更是成为学生专场，孩子们在老师和讲解员的引导下，饱览真善美的世界，进行一次畅快、愉悦的人文之旅。

  在法国，所有的国立博物馆都是免费为教师及 18 岁以下的年轻人开放的，为他们组织专场讲解，甚至有些博物馆在"参观指南"中特别指出，游人参观最好避开星期三下午。享誉世界的卢浮宫博物馆是世界上参观人数最多的博物馆，每年接待 600 万参观者，其中一半是学生，还有一些专门为学生提供的服务项目，"艺术车间"就是其中之一。所谓"车间"是集参观、讲解及自己动手三者于一体的艺术活动场所，"车间"活动则凭借卢浮宫的资源而定。例如，园林课先由教师带领孩子们到卢浮宫前的杜伊勒里花园，讲解其风格；回到"车间"后，学生用模具搭一个他们想象中的花园。6 至 18 岁的孩子都可凭兴趣参加，没有任何限制，交一定的上课费用即可，但是一般要提前半个月才能订到位置。

位于巴黎东北部的维莱特"科学与工业城"是欧洲最大的科普中心。它不是传统意义上的博物馆，而是一个集展览、实验与资料调阅于一体的综合性科技馆。"科学城"为 12 岁以下儿童开设了 4 000 平方米的"儿童馆"，用儿童的思维方式引导他们去观看、去触摸、去体验植物界、动物界及宇宙空间，以求激起他们幼小的心灵对知识的渴望。

法国中小学校常组织整个班到"科学城"上课一至二周，学生则借助那里的设备，利用那里的常年展览和短期展览提供的知识，在教师和"科学城"工作人员的帮助下，完成一项项科学小实验。

博物馆、科学城热心于青少年的素质教育，不断提供新的活动方案，提供种种方便和优惠，将此作为一种社会责任，这在法国蔚然成风。法国人认为，科学、艺术教育唤醒灵感，催生创造力，它们就像是童话世界中"芝麻开门"那神秘的呼唤，引导孩子们去发现、开拓更广阔的科学和艺术空间。更为重要的是，一个从小经常与博物馆零距离接触的人，长大后会发自内心地爱护文物、保护遗产；一个从小喜欢自己动手做实验的人，自然有更活跃的"发明因子"去进行一项项发明创造！

# 展现人生大舞台的儿童博物馆

儿童博物馆始建于 1913 年，是美国第二家历史最悠久的博物馆。它位于波士顿国会大街上，每天都有一批接一批的孩子到那里参观。

在儿童博物馆，孩子们可以学习编播电视新闻；可以尝试着使用假肢、轮椅和盲人打字机；可以在超市的出口处收款、记账……总之，孩子们在这里可以获得有别于自己日常生活的经历。这里的几乎每一件展品都任孩子们自由触摸，为他们提供了一次宝贵的学习机会。

博物馆内最为壮观的展品便是被"解剖"开的三层楼的房屋，即"爷爷奶奶的房子"。这房子有一间暴露在外的地窖；一间起居室，里面摆满了古色古香的小摆设；还有厨房和三角形的阁楼。这座房子是被"切"开的，因此，参观者可以从外部观察房子的结构。此外，孩子们通过地面上的一个小"孔"，还可以看到地下的天然气管道和排水管——那些城市街道下面的"血管"。

在"奶奶的小阁楼"里，讲解员向孩子们介绍前辈的家庭用具。那些兴致勃勃的小参观者们可以从皮箱里抓出几件早已过时的衣裙穿戴起来，把自己打扮成故事中的人物。在一间名为"如果你身有残疾"的展览室里，孩子们可以转动轮椅通过崎岖不平的石子路或爬上一段小斜坡；接着，他们坐在轮椅上尝试着使用普通的公用电话——当然，电话是打不出去的。在这里，孩子们还可以亲身体验失明的痛苦。他们蒙着眼睛，手执一根白色小棒摸索着走过一条弯弯曲曲的小道。这样的经历虽然只有几分钟，孩子们却可能对那些随时都可能遇到这类困境的残疾人产生深深的理解和同情。

电视演播室设在博物馆的楼上，这里有整套的电视广播设备。可以由一个孩子操纵电视摄像机，另三个孩子端坐在播音桌前，按照提示卡片播送新闻、体育消息和天气预报。孩子们表演得认真、投入，很有几分职业播音员的感觉。播音桌的正前方、摄像机的下面，安装着一台监测机。通过它，孩子们可以看到自己在电视中的形象。

博物馆还为孩子们专门准备了其他独特的展览、演出等。孩子们在这里可以接触到许多学校里没有的事物，学到比书本上更为实用、有效的知识。可以说，儿童博物馆为孩子们打开

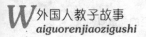
了一扇窗，透过这扇窗，他们看到的是大千世界的缤纷世相，感受到的是不同人生境遇的喜悦与苦痛，这些有利于他们更深入地了解社会，提高自己克服困难、解决问题的能力。小小的儿童博物馆，展现的却是人生大舞台。这一份难得的生活体验，有可能成为一笔宝贵的财富，令孩子们终生受益。

# 化冲突为孩子的成长课堂

　　海滩上，两位中年男子悠闲地喝着咖啡聊着天，两个小男孩在旁边玩。看样子，那是两对父子。玩着玩着，小家伙们就打了起来，先是抱着摔，接着又拳打脚踢。看到这幕情景，父亲们只是笑了笑，继续聊天。孩子们边哭边打，打得难解难分；那边，两位父亲依然谈笑风生，谁也没有上前去劝的意思，只是不时地瞅一眼纠缠在一起的两个孩子。看来只要孩子们不大打出手，他们是不会出面阻止的。

　　孩子们打累了，各自坐在沙滩上玩，谁也不理谁，脸上还带着泪痕。说也奇怪，等到再看他们时，两个孩子竟然和好了，他们互相帮对方整理弄乱了的衣服，就好像刚才拳打脚踢的是另外一对。这时，其中一位父亲才走过去，替孩子拍拍身上的尘土，哈哈笑着带他离开了，两个小家伙也挥手告别，竟有些依依不舍。

"别管，那是天使在做游戏！"国外一些家长看到孩子打架常会说类似的话，他们一般不太在意孩子之间发生冲突，反而觉得这是一件十分有趣的事，会马上跑去观看，甚至会鼓励孩子"不要吵输了"，让他们拼命动脑筋找论据支持自己的论点。法国父母认为，吵架是锻炼孩子智力的一种方式。父母如果出面劝阻，这种自然的成长方式就会受到阻碍，不利于培养孩子独立解决问题的能力。

在美国，幼儿园老师看到孩子们发生冲突，通常都是在旁边照看，只要没有危险，无论动口还是动手，都会让他们打个痛快。事后，老师会对他们说明这次用拳头说话的利弊得失，帮他们从中吸取教训，并告诉孩子如果再出现类似情况，解决办法一定要比这次高明一些。久而久之，孩子们就懂得如何依靠自己的力量化解矛盾冲突了。

孩子们只要在一起玩，就免不了吵架，父母阻止孩子是没有必要的，因为孩子会一边吵，一边想出适合自己年龄的解决方法。他们有自己思考问题和解决问题的视角，怎么做、做什么，是他们自己的事，家长最好让他们自己做决定。

事实上，打架是孩子们成长过程中的一种正常现象。由于年龄的原因，他们还不能控制自己的情绪，一旦与别人发生冲突，就只能以打架的方式来解决问题。随着年龄的增长，他们渐渐会发现不用吵架就能解决问题的办法，吵架的现象自然就减少了。而且，孩子会一边吵，一边寻找适合自己年龄特点的解决方法，他们有自己的思维方式，让孩子打架后自己和好，其实也是在锻炼他们与人沟通、协调的能力。每个孩子都是降落人间的天使，打架不过是天使们在做游戏。家长不如学会欣赏孩子的那颗童心，帮助他们化冲突为成长课堂，锻炼孩子独立解决问题的能力，为他们在人生道路上提供一次积累经验的机会！

# 始于爱心的善良教育

著名作家马克·吐温称善良为一种世界通用的语言，它可以使盲人"看到"、聋子"听到"。善良能够抵御寒冷，驱走黑暗，能够润泽干涸的心灵，为苍白的人生增添些许暖色。与善良同行，我们感受到的是世界的美好，人与人之间的关爱。

"善良教育"是德国教育的特色之一，经过对两次世界大战的反思，德国人格外重视对儿童善良品质的培养，将其列为启蒙教育的有机组成部分。德国人已普遍达成这样的共识：小时候以虐待动物为乐的孩子，长大后往往更容易有暴力倾向。因此，爱护小动物是许多德国幼童接受"善良教育"的第一课。

在孩子刚刚学会走路时，父母就特意为他们喂养了小狗、小猫、小金鱼等，让孩子在照料小动物的过程中奉献一份爱心，学会呵护更弱小的生命。幼儿园也饲养了各种小动物，由孩子们轮流喂养，要求孩子们注意观察小动物的生长、发育过程以及它们是如何做游戏的，有条件的还须做好"饲养记录"。

孩子们正式入学后，他们常常被布置做观察小动物生活习性等方面的作文。当然，这对于从小就和动物打交道的孩子们来说已非难事，其中优秀篇章还会被教师作为范文在壁报发表。此外，利用自己积蓄的零用钱来"领养"动物园里的动物，或捐款拯救濒临灭绝的动物也是德国小学生常做并热衷去做的活动。

德国的中小学校还普遍开展有关"善待生命"的讨论或作文比赛。一个13岁的男孩曾经以充满爱怜的笔调，记录了他为一只小鸟医治创伤后放归大自然的过程。结果，这篇文章荣获了该校"善待生命"作文大赛的第一名。同情、帮助弱小者也是德国人对孩子进行"善良教育"的一项重要内容。在父母、老师的言传身教下，孩子们早已习惯于帮助盲人、老人过马路，在公交车上为体弱者让座，随时向遇到困难的同学伸出援助之手也都是很平常的事。

在对孩子进行"善良教育"的同时，德国人还十分重视"反面教员"的作用。虐待小动物的孩子轻则受到批评，重则受到大人的惩罚；如果效果不明显，还有可能被送去做心理治疗，因为在老师、家长看来，这是比学习成绩滑坡更为重要的"品德问题"。对那些校园里出现的恃强欺弱的所谓"小霸王"，

校方的反对态度也非常鲜明。据悉，凡经两次记过仍不思悔改的"小霸王"，校方即果断地予以开除，接着再由"不良少年管教部门"给予管教。对于影视节目中频频出现的暴力镜头，无论是教师还是家长，都十分注意引导孩子们以"批判"的眼光来审视。

善良是从心灵深处开出的一朵花，它为世界送来缕缕馨香，让我们学会珍惜人与人之间的那份美好。播种善良，才能收获希望，让我们在四季的轮回中体验生命的欣喜，在地球的转动中悦纳自己所经历的每一件事、所遇到的每一个人。善良或许没有令人艳羡的姿容，没有足以炫人的高官厚禄，它呵护的却是整个世界，支撑起的是一个大写的"人"字！

# "慷慨" 为孩子提供尝试机会

在西方许多国家，我们经常能看到这样一幕场景：一个两三岁的孩子在自己吃饭，弄得满脸都是，吃到嘴里的饭还不如掉到地上的多；一个小家伙自己在坐便器上把卫生纸拽得老长老长……父母通常都是在旁边笑嘻嘻地看着，而不会去帮助他们，更不会呵斥他们。

孩子们从牙牙学语时便在父母的鼓励下尝试做一些简单的事，如自己吃饭、穿衣、整理床铺、用餐前帮助家长把餐具摆放整齐等。尽管有些事超出孩子力所能及的范围，甚至他们做完后家长还要再做一遍。但家长还是会鼓励他们去做，因为这毕竟是尝试的开始。一位美国妈妈认为：我们把脏成一团的孩子洗干净，要比重新帮他们获得做事的积极性和勇气容易多了。

孩子做家务看似只是一些细微的小事，但其中一个值得我们注意的深层原因是：只有"慷慨"为孩子提供尝试机会，他们才有可能养成自觉动手的习惯，化每一次尝试为有效的经验积累，从而不断超越自我，刻苦攀登人生顶峰，饱览"风景这边独好"的无限风光。世界著名教育家卡尔·威特教育孩子时坚持的一个重要原则就是：孩子能做的事，坚决让他自己去做，还给孩子动手尝试的权利。

"你能做好！"这是老卡尔·威特经常对儿子说的一句话。他认为放手让孩子自己去做，不仅能够培养孩子大胆尝试的能力，更主要的是能够增强他们的自信心和动手实践的勇气。

小卡尔两岁时就能帮母亲收拾餐桌。每当家里来客人时，看到小卡尔端起盘子，都会不由自主地说："当心，卡尔，别把它弄碎了。"在这种情况下，父亲总是会对好心的客人说："没什么，卡尔会把它们放好的。"

父亲还鼓励儿子自己收拾房间，即使儿子做得很糟糕，他也会真诚地夸奖一番。因为，对他来说，房间收拾得是否整齐并不重要，重要的是，孩子自己动手在做！

小卡尔的母亲在培养儿子独立做事能力方面表现得同样出色。当母亲认为儿子应该学会穿衣服时，她就放手让他自己去做。虽然开始时，小卡尔经常出错，穿得也很慢，但母亲从不催促儿子，而是一边示范指导，一边耐心地说："慢慢来，你可以自己穿上的。不行的话，妈妈再来帮你。别忘了，你已经是大孩子了。"

有时候，小卡尔因为自己穿不好，也会胡乱发脾气，甚至哭闹起来，不肯自己穿。这时，母亲依然会鼓励他："你肯定能自己穿上，妈妈闭上眼睛数到10，你就会穿好的。"小卡尔即使再哭闹，妈妈也不会帮他穿。面对这样"狠心"的母亲，小卡尔只好自己尝试解决问题，他很快就学会了穿衣服。

德国著名儿童教育专家舒马赫在对那些不愿为幼童提供尝试机会的父母作心理分析时指出，有些父母特别是一些年轻母亲，总认为"全面"照顾孩子是自己"义不容辞"的责任，因而事事都想包办甚至代替。殊不知，这样一来反而剥夺了孩子学习的机会，长此以往，孩子不仅做事笨手笨脚，产生强烈的依赖性，还可能丧失宝贵的自信心，对以后的生活也会产生负面影响。

在孩子成长道路上，家长最明智的选择就是：从孩子身边退一步，把手伸向他，但孩子刚好够不着。这意味着，用爱和信任鼓励孩子大胆往前走，给孩子一个独立的空间，却又让他们在家长视线所及的范围内。

# 将大自然揽入都市孩子的怀抱

052

　　大自然可以说是一部百科全书，它意味隽永、让人每读必有所获。春天，万木吐绿，草长莺飞，桃李争艳，到处是一派欣欣向荣的景象；夏季，麦浪翻滚，骄阳似火，阵雨喧嚣，春的灵秀经过一季的储备孕育出夏的丰盈；秋日，天高云淡，层林尽染，收获的喜悦伴随"万类霜天竞自由"的豪情；寒冬，千里冰封，万里雪飘，银装素裹中带给人的是那份难得的洁净。

　　"一花一世界，一叶一菩提"，大自然是人类最好的老师，她能激发孩子的求知欲望，为孩子的世界插上想象的翅膀，任他们的思维在广阔的空间自由翱翔。越来越多的家长意识到这位老师的重要性，开始带着孩子走进大自然，与清风明月为伴，聆听鸟语虫鸣，于春华秋实中感受生命的律动！

"在大都市，孩子的成长空间实在狭小，他们的精神需要放松，眼界需要开阔。除了知道今天的努力铸就明日的辉煌外；他们还需要知道，人与自然如何和谐相处，人的索取与付出如何取得平衡，"一位韩国父亲这样说道。

在韩国，居住在都市的家庭常常带着孩子到乡间别墅去享受假日时光。所谓的"别墅"，不是独门独户的封闭小区，而是那些到城市淘金的农民留下的乡村院落。韩国父母觉得在这样开放式的乡村院落中，孩子可以自由玩耍，切实感受到农家生活的乐趣。在这里，父母不仅帮孩子珍藏了成长的喜悦，还有别样的收获。

首先，收获了亲情。一般家庭都是母亲和孩子接触较多，而父亲忙于赚钱养家，在家庭教育方面常常是缺席的。但是在对孩子性格的塑造上，父亲的胆识与气魄和母亲的柔情与细腻同样重要。没有情商的人，体会不到世界的丰富多彩、人与人之间的温情；没有胆商的人，不仅缺少开拓精神，甚至无法为自己撑起一方明朗的天空。

在乡间别墅度假时，全家要应付与城市生活不同的问题，诸如，修缮房屋、清理荒草、修理家具等。此时主要是男人在发挥主导作用，通过与父亲一起劳动，孩子会直接感受到他的力量与智慧，体验到他在家庭中的核心作用，会不由自主地依恋父亲，乐于与之交流。男性的影响更理性、更大气，这一点对男孩来说尤其重要，可以为他们的性格增添豪放的气魄。同时，在乡村别墅可以暂时放下工作的压力，放缓平时繁忙的脚步，家庭的气氛变得更加和谐、宽松，孩子也会更有安全感、更加体会到家庭的温暖。

其次，收获的是幸福感。乡村生活的物质条件与都市相比难免有许多不足之处，都市孩子在与乡村伙伴的交往中，能够体会到个人生活条件的优越，学会珍惜所拥有的幸福："我是幸运的，应当感恩啊！"事实上，只有对生活心存感激的孩子，才会去爱别人，去爱整个世界；他自己的身心也才能健康发展，不会因一时挫折而造成心理上的封闭和扭曲。

对此，一位韩国母亲深有感触。儿子的性格本来有些孤僻，从幼儿园回家后总是闷在屋里自己玩，也不太爱与父母交流。自从来到乡村大院，通过和家长一起栽培树木、察看小鸟的窝巢、观察动物的生活习性、等待迁徙的候鸟，儿子的性格开朗多了。这位母亲认为：情绪宣泄渠道的狭窄，与空间的狭窄有关。如果让五六岁的孩子终日感受着家长的紧张忙碌，不仅不会培养他们珍惜时间的责任感，反而会为他们原本乐观的天性带来抑郁。

将大自然揽入都市孩子的怀抱，帮助他们拥有一份美好的童年记忆。在与自然的和谐相处中，孩子们获得了强壮的体魄，培养了发现美、欣赏美、珍惜美的能力，构筑了心灵的宽容与博大！

# 体育运动胜过维生素

"如果你想聪明，跑步吧！如果你想强壮，跑步吧！如果你想健康，跑步吧！"崇尚运动的古希腊人如是说。体育运动不仅能强身健体，还能加速血液循环，促进新陈代谢，更重要的是，它能为大脑提供充分的营养，使头脑更加灵活，从而促进智力的发育。

富兰克林·罗斯福被公认为美国历史上身体最健康、意志最坚定的领导人，他也常常自诩为"自我塑造的人"。然而，这位政治家并非生来如此。小时候，罗斯福身体虚弱，哮喘病时常发作，视力欠佳，异常瘦削。回忆童年，他总会这样形容自己："一个体弱多病的男孩"和"一段悲惨的时光"。罗斯福身体状况糟糕得甚至让很多人怀疑他是否还能活下去。

父母却从未放弃对罗斯福的希望，他们大力支持儿子进行体

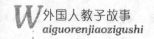
育锻炼。父亲常对罗斯福说："你必须重新塑造自己的身体！人活着不能原地踏步，在奋斗的一生中，无所事事只会成为致命伤。"也有一些亲友建议，罗斯福重塑身体的希望不大，不如让他专心读书，用知识方面的优势来弥补身体方面的不足。然而，罗斯福的父母认为，体育运动就是体育运动，孩子身体不好就无法和小伙伴们一起玩，他自卑孤僻的性格可能会日益加深，这种缺陷是任何优势都无法弥补的。

罗斯福明白了父母的良苦用心，他积极锻炼身体，和别的孩子一起做游戏、游泳、骑马或进行其他活动。刚开始，罗斯福笨拙的动作常常引起孩子们的嘲笑，但在父母的鼓励下他并没有灰心，逐渐能愉快地融入到小伙伴们的各种游戏中了。他后来如此回忆这段往事："由于既虚弱又笨拙，我对自己毫无信心。我需要艰苦地训练自己的身体，更需要强化自己的意志和精神。"

罗斯福父母也发挥了良好的"身教"作用。父亲常常带着他去巡视庄园、骑马，还带着他到河边钓鱼、游泳、划船、每天步行到村口取邮件。父母总是不失时机地通过多种途径来提高小罗斯福的身体素质，渐渐地那个羞怯、自卑的男孩不见了，随之而来的是一个精神饱满、自信好强的少年。

近年来，除了大家所熟知的智商、情商、财商外，越来越多的美国家庭开始注重从小培养孩子的体商，激发他们对体育运动的兴趣。刚出生两周的婴儿就被抱到户外，在树荫或柔和的阳光下享受日光浴，每次约 15 分钟，每日 1 至 2 次，并随着孩子的成长逐渐增加次数、延长时间，同时妈妈还会轻柔地摇动宝宝的手臂和腿。户外运动使孩子们投身于大自然的怀抱，呼吸新鲜的空气，享受日光的"爱抚"，从而促进了身心健康发展。

美国人崇尚强健的体魄，在学校里，学习成绩虽好却不参加体育运动的学生都会被称为"书虫"。美国男孩常常引以为自豪的是他们身上、手臂上一块块隆起的肌肉，女孩们喜欢的则是修长的四肢、丰满的胸部，以及不亚于男孩的速度、力量和灵活。

"我们需要的不仅是男子汉的体魄，更需要男子汉的独立自主、坚韧不拔、进取拼搏以及永不言败的奋斗精神。"这可以说是大多数家长的心声。根治文弱之病，需要从孩子出生的那一天起，就为他们提供充足的"成长维生素"。显然，这个"维生素"是让孩子参加各种游戏和体育运动，而不是我们用来补充营养的维生素。

体育运动使孩子们的热情和活力找到了释放的舞台，培养了他们勇敢、机智、坚强不屈的品质，锻炼了他们与人合作的能力，有助于他们保持积极向上、健康、阳光的心态。而这些，正是奠定幸福人生大厦的基石。爱孩子，就让他多运动吧！

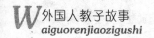
# 同孩子保持爱的距离

在韩国的游乐场曾经看过这样一幕场景：一个五六岁的男孩要玩空中缆车，这可是个惊险刺激的游戏，大多数成年人玩起来也有些胆战心惊呢！孩子的父亲只告诉儿子几句安全规则，就让他独自去玩了，自己则站在入口处等他。那位父亲并不是负担不起再买一张票的费用，不过他觉得既然孩子想玩这个游戏，就要独自面对惊险和恐惧，学会为自己负责。

韩国人认为，父母爱的羽翼只能呵护孩子一时，却不能保护他们一世。孩子终究要走上社会，经历人生的风风雨雨。与其让他们成年后面对可能发生的问题束手无策，不如从小就锻炼他们独立生活的能力，让孩子学会为自己撑起一方明朗的天空。

爱孩子，就同他保持适当的距离！在韩国，一种新型的教子理念正在悄然流行，即"狮子型"教子法。这种教子理念源于狮子的育儿方式，森林中处处隐藏着凶险，连被誉为"森林之王"的狮子也不敢掉以轻心。刚出生不久的幼狮经常会被公狮推到岩石下，让它们从摔下去的地方想办法找到爬上来的路。狮子知道只有从出生起便训练自己的孩子，才有可能使它们掌握扎实的本领，在森林中生存并成为"王者"。

狮子爸爸、妈妈即使看到孩子遇到困难也只是远观而不干涉，只有在幼狮面临生命危险时才出手援救。它们同孩子保持着爱的距离，这段距离足以让幼狮健康成长，获得勇气，掌握应付凶险的本领，傲啸山林，尽展"王者之风"！

在日本，一对农民夫妇四十多岁才有一个男孩，以致对他倍加溺爱。尽管家境贫寒，男孩仍然像生活在蜜罐中，过着衣食无忧的生活。在父母的照顾下，男孩做事竟有些毛手毛脚，连走路都走不稳，时常跌进水田里。一天，父亲背着儿子在他上学必经的田埂上，用铁锹挖了十几个缺口，然后用木棒搭成一座座小桥，只有格外小心才能通过。7岁的儿子放学后看到这种情景，吓得直想哭。可是周围一个人都没有，哭也解决不了问题。他小心翼翼地走过一座座小桥时，竟然吓出一身冷汗。

男孩回家后，向父母讲述这段过桥经历，脸上却是带着骄傲神情，父亲连连夸他勇敢。母亲非常不解，背地里问父亲这样做的原因，父亲说："平坦的路上，他左顾右盼，当然走不好路；坎坷的路上，他的双眼必须紧盯着路面，才能走得平稳。"父爱拳拳，儿子不知道，当他走在用木棒搭成的小桥上的时候，其实每一步都沉重地踏在了父亲心上！爱，却要忍痛放手。或许，这就是爱的距离吧！

所谓"狮子型"教子法，就是培养孩子坚强、勇敢的品质，让他们学会坦然面对世事的潮起潮落；锻炼孩子独立生活的能力，让他们获得生存的智慧，尝试在逆境中找到解决问题的办法。学会为自己的生命之舟掌舵，才有可能乘风破浪，"直挂云帆济沧海"！

爱孩子，就同他保持适当的距离。温室的花朵终难经受风雨的侵袭，傲雪欺霜的松柏于寒冬中却愈见峭拔。人生的道路有一马平川，也有艰难险阻，只有不断塑造自我，具备掌控生活的本领，才可能拥有"这边独好"的无限风光！

# 为孩子插上想象的翅膀

爱因斯坦说："想象力比知识更重要，因为知识是有限的，而想象力包括世界的一切，是无限的，想象力是科学研究中最重要的因素。"想象丰富着人类的精神世界，推动着社会的发展，它使我们生活的这个星球日新月异、色彩纷呈。

想象力同样滋润着文学园地，使得文学之花争奇斗艳、竞吐芳菲。吴承恩善于想象，一部名著《西游记》流传千古；李白是想象的大家，"飞流直下三千尺，疑是银河落九天"等豪放诗句引得多少文人墨客扼腕赞叹；金庸创造了一个笑傲江湖的武侠世界，演绎着成年人的童话……

世界的进步有一半来自想象，没有想象的世界是贫瘠的；人类的幸福有一半来自想象，没有想象的人生是苍白的。用拿破仑的话说就是："想象支配着人类世界。"可见，从小激发和培养孩子的想象力，有利于他们健康成长。

著名童话作家安徒生出生在丹麦奥塞登的小镇上，家境非常贫寒，父亲是穷鞋匠，母亲靠给人洗衣服赚钱，祖母有时还要去讨饭来贴补家用。同镇的贵族害怕降低身份，都不许自己家的孩子和安徒生一起玩。父亲非常生气，却没有在儿子面前表露出来，只是更加关爱自己的孩子。

安徒生的家非常简陋，只有一间破旧的小屋，父亲却把它布置得像个小博物馆：墙上挂了许多图画，橱柜里摆满了瓷器、装饰品和一些小玩具，书架上放满了书籍和歌谱，就连门板上也挂了一幅风景画……在小安徒生看来，自己的家简直就是个艺术馆，到处洋溢着让人发挥想象力的快乐因子。这样的布置，不仅极大地丰富了安徒生的童年生活，而且激发着他对美好生活的追求和向往。

父亲常常给安徒生讲述《一千零一夜》等民间故事，有时还会为他念一段丹麦喜剧作家荷尔堡的剧本，或者英国著名文学家莎士比亚的剧本。于是，遥远国家的国王、大沙漠里的探宝人、悲情王子等故事中的人物，渐渐在安徒生脑海里形成了一幅幅充满奇异色彩的图画。在父亲的精彩讲述中，小安徒生度过了一个个美好、恬静的夜晚。

父亲利用做活时剩下的木块给儿子雕刻了几个小木偶，在妈妈的帮助下，安徒生用碎布给木偶们缝制了衣服，把它们打扮成讨饭的穷人、没人理睬的穷孩子、欺压百姓的贵族和地主等，并根据自己的实际生活体验编排了一出出木偶戏。父母还鼓励安徒生到街头去看油嘴滑舌的生意人、埋头工作的手艺人、弯腰曲背的老乞丐和坐着马车横冲直撞的有钱人，以丰富自己的感性经验。

安徒生稍大一些，父亲就带着他去剧院看戏。回来后，安徒生常常给邻居们讲述戏剧情节，表演他学来的几句戏剧对白。一次，在看过莎士比亚的戏剧《哈姆雷特》后，安徒生也写出了自己的剧本。在结尾，他让剧中所有的人物都悲惨地死去，他认为：死的人越多，悲剧越有意义。孩子天真的想象力在安徒生身上得到了充分发挥。

生活虽然贫穷，小安徒生的精神世界却是丰富的。父母用爱心为他建造了一座城堡，鼓励儿子那天马行空般的想象力自由驰骋。成年后，安徒生成了一个为全世界的孩子插上翅膀的人。直至今天，一代代的小读者们仍然沉浸在《卖火柴的小女孩》、《丑小鸭》、《海的女儿》等童话故事所演绎的缤纷世界中。

想象是从心灵深处开出的花，它为平淡的生活点染些许亮色，让平凡的人生不再平庸。想象为现实世界插上翅膀，使得"奔月"不再只是一个美丽的传说。"只要我们能梦想的，我们就能够实现"，这句刻在美国肯尼迪宇航中心大门上的人类誓言，将带动我们走向更广阔的宇宙空间！

# 多给孩子一些精神关爱

　　柏杨曾说："父母是孩子唯一的安慰、盼望、鼓励、保护所和避难港，所以依偎在父母怀抱里的孩子，是天下最大的幸福。"父母之爱如阳光雨露，滋润着孩子的心灵，帮助他们健康成长。然而，现代人的脚步匆匆，他们在忙于工作、忙于赚钱养家的同时，却忽略了孩子的精神需求。实际上，孩子成长不仅需要物质条件，更需要父母的精神关爱。

　　有这样一位父亲，他为养家糊口，终日在外奔波忙碌。每天都伴着星光、拖着沉重的脚步回家，满身疲惫已经使他无心欣赏美好的月色，只想好好休息。一天，他打开家门，发现自己5岁的儿子约翰正蜷在沙发上等他。

　　"爸爸，我能问您一个问题吗？"小约翰说。

　　"问吧！"

"您一小时可以赚多少钱?"

"这和你有关系吗?"父亲有点儿生气了。

"我只是想知道。"儿子哀求着。

"20美元。"

"哦,爸爸,可以借我10美元吗?"

"你借钱有什么用?"父亲发怒了,"别拿钱去买那些毫无用处的东西,给我回到你的房间,上床睡觉!"

儿子默默回到自己的房间,父亲生气地坐在客厅里。过了一会儿,父亲平静下来,有些后悔,觉得自己刚才对孩子太凶了,或许他确实要买什么有用的东西呢!毕竟,儿子平时很少要钱的。

于是,父亲走进儿子房间,发现儿子正躺在床上,便轻声问:"睡了吗,孩子?"

"没有,我醒着呢,爸爸。"

"我刚才态度不好,向你道歉,"父亲边说边把钱给儿子,"这是你要的10美元。"

"谢谢,爸爸!"儿子高兴地接过钱,又从枕头下面拿出一些皱巴巴的钞票。

"你不是有钱吗,怎么还要?"父亲又有些生气了。

"因为在这之前不够,但现在够了。"儿子说道,"爸爸我现在有20美元了,我可以买您一个小时的时间吗?明天请早一点儿回家,我想和您一起吃晚饭!"父亲哽咽了,一把搂住儿子。

前苏联教育家苏霍姆林斯基说："要善于爱孩子，教育的真谛是爱，爱的真谛就是给孩子以精神上的温暖、关怀、鼓励和帮助，而不是其他任何东西。"用爱的目光注视孩子成长历程中的每一步；用爱的语言鼓励孩子大胆往前走；用爱的双手陪伴孩子经历人生的风雨；用爱心呵护孩子健康成长，为他们织就一个金色童年；用爱的行动感染孩子，让孩子懂得爱并学会如何去爱。或许，这就是父母对子女爱的真谛！

# 身教比言传更重要

　　英国教育家斯宾塞认为：孩子是家里的一面镜子，你快乐，他也快乐；你暴躁，他也暴躁……你希望孩子怎样，自己就应该怎样。作为孩子的第一任老师，家长的语言、动作、神态、生活习惯等方方面面都是一部活生生的教材，对孩子的一言一行有着潜移默化的影响作用。因此，家长在开口要求孩子按照正确的方式去做之前，请先审视一下自己的行为是否合乎标准，千万不要对孩子严厉、对自己宽容。

　　约翰是个酒鬼，每天下班后都要去镇上的酒馆喝上几盅，甚至很多次都是不醉不归。妻子经常劝他戒酒，他自己也知道嗜酒不是好习惯，但就是控制不住自己。有一天下着大雪，约翰照例哼着小曲从家往酒馆走，没走多远，他觉得后面有人跟着自己。回头一看，原来是儿子正在踩着自己的脚印走，儿子

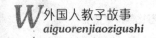

边走边兴奋地喊："爸爸，你看，我正在踩你的脚印！"儿子的话令约翰一振，此时打在脸上的雪花仿佛格外凉爽："如果我去酒馆，儿子踩着我的脚印，将来也会成为酒鬼的！"从此，约翰再也没有去过酒馆。

美国教育家斯特娜指出：孩子是父母的影子，孩子的一切善恶品行都是从父母那儿学来的。在孩子社会化的过程中，父母是孩子最直接、最早的模仿对象，是孩子的榜样。我们常说的"有其父必有其子"、"老子英雄儿好汉"不仅是指遗传方面的因素，更多的是父母对孩子的后天影响。然而，我们应该切记的是，孩子幼小的心灵也有分辨力，父母的实际行动对他们会起到示范作用，长篇说教不仅达不到教育目的，可能还会增加他们的逆反心理。下面这个小故事中的汤姆就是这样：

"怎么搞的，都这个时候了，汤姆还不来？"父亲不时地看着表，焦急地自语。他和儿子约好的，晚上7点钟在快餐店见面，然后一起去看电影。可是，现在都7点10分了，还不见儿子人影呢！

又等了一会儿，汤姆才晃晃悠悠地过来。"汤姆，我和你说过许多次一定要准时赴约，否则不仅会给别人留下不好的印象，更重要的是浪费别人的时间。难道你一直是这样的吗？"父亲生气地说。

"不，爸爸，我只是和您约会的时候没有遵守时间，这的确不好，可是也没有什么大不了的吧？"

"没什么大不了的?"父亲更生气了,"你什么态度啊?你养成这样的毛病,以后谁还会信任你呢?"

"可是,我没见您有什么麻烦啊?"汤姆有些不服气。

"你什么意思啊?"父亲不明白儿子怎么一下子把话题扯到了自己身上。

"您大概忘记了,好几次您答应来参加我们学校的活动,可是活动结束了也没见您的人影……"

"那是因为我工作上突然临时有事走不开,而且你们的活动也不是非参加不可……"父亲注意到儿子脸上不服的表情,他突然感到自己的解释是那么苍白无力,不知怎么说才好。

沉默了片刻,父亲艰难地开口了:"汤姆,我没有意识到自己的行为会对你造成这样的影响,真的很抱歉。不过,我当时确实有急事不能到场,但是我应该事先打电话告诉你,或在事后向你解释一下。请原谅爸爸,好吗?"

父亲坦诚认错使得儿子非常感动:"没关系,爸爸,我知道您很忙,下次打个招呼就行了。"

"好的,下次我一定安排好时间,争取尽量参加你们的活动。如果实在有事走不开,我也一定会和你联系的。"

"真的,爸爸?"汤姆高兴地问。

"当然了,我们一定要信守承诺啊!"爸爸伸出手拍了拍儿子的肩膀说。

在家庭中,父母的言谈举止、家里的环境摆设,甚至父母

069

自身的爱好打扮等，对孩子身心发展的方方面面都起着潜移默化的作用，甚至会对孩子一生造成持续性的影响。孩子幼小的心灵就如同一张白纸，这张纸能否画出最美的图案，与父母的早期教育有很大关系。因此，教育孩子应该从自我教育开始，以严谨的身教引导孩子，为他们健康成长奠定坚实的基础。

# 发掘孩子读书以外的天赋

冰心曾说："世界上没有一朵花不美丽，也没有一个孩子不可爱。"每个孩子都是一朵含苞待放的花，每一朵花都有绽放自己美丽的权利。玫瑰娇艳，茉莉清香，兰花淡雅，菊花飘逸……百花竞放，点缀的才是一个多彩的世界！

父母，作为孩子的第一任老师，您是否聆听过花开的声音，呵护它们那独特的美丽了呢？遗憾的是，许多家长望子成才心切，以成绩作为衡量孩子好坏的唯一标准，用分数传递自己的喜怒哀乐，逼迫孩子在书山中刻苦攀登的同时，往往也忽略了孩子其他方面特长的发展。就像有句诗说的那样："当你为错过了太阳而哭泣，那你必然也会错过月亮和星星！"

毕加索是世界上最具影响力的绘画艺术大师，被誉为"人类艺术史上罕见的天才"。他从幼年时就显露出少有的绘画天赋，常常拿着笔专心地画着。一天，刚刚学步的毕加索画了一个螺旋状的东西，家人都不知道画的是什么，父亲却看出那是热食摊上卖的油炸馅饼。这令他异常惊喜，决定把儿子培养成画家。

父亲把毕加索的房间贴满了儿童画，以此来诱发他的想象力，并常常领着他一起观画，告诉他这些画是怎样画成的。在父亲的刻意培养下，毕加索 5 岁时的剪纸作品已经达到了惟妙惟肖的境界，绘画作品《手握大棒的赫史勒斯》更是令人叫绝，当地人都称他是绘画神童。

不幸的是，这样一位绘画神童进入小学后，却被老师视为智力低下、无可救药的孩子。坐在教室上课，对他来说，简直就是煎熬，他无法使自己的注意力集中，不是漫无边际地遐想，就是全神贯注地观赏窗外的景色。毕加索读了两年书，连简单的加减法都不会，他无奈地对父亲说："我只知道 1 加 1 等于 2，2 加 1 等于几，我根本就没去想。我也努力地想使自己集中精力听讲，可根本就办不到。"他成为同学们嘲笑的对象："毕加索，2 加 1 等于几呀？"他那发呆的样子更是引起伙伴们哈哈大笑。

同学们讥笑毕加索，老师也认为他是个无法教导成才的笨孩子，并经常在毕加索父母面前绘声绘色地描述他的"痴呆"状。毕加索的母亲听后觉得非常尴尬，羞于见人。邻居们也不再夸奖他的绘画天赋，而是说风凉话："瞧他那呆头呆脑的样儿，只会画几幅画有什么用，他的父亲也会画画，还不是和我们一样穷？"在当时，几乎所有的人都认为毕加索是个傻瓜。

面对大家的嘲笑，父亲仍坚定不移地相信：儿子虽然读书不行，绘画却是极有天赋的。父亲的鼓励成为小毕加索前进的动力，为了弥补学习上的"低能"，他努力地学画，一画就是几个小时。可是，不管他如何努力，都始终处在被嘲讽和孤立的境地。小毕加索越来越不愿说话，甚至害怕上学。

在这关键时刻，又是父亲向毕加索伸出了强有力的大手，成为他精神上的支柱。小毕加索觉得，如果离开父亲，自己根本就无法面对学校的一切。每天上学，必须得到父亲来接他回家的允诺，他才有勇气松开父亲温暖的大手，去面对同学的嘲笑。父亲认为，既然儿子不会读书，就让他绘画好了。不管怎么说，孩子的天赋不能扼杀。不久之后，他把毕加索送到当地最有名的美术学校专心学习绘画。正是在父亲的支持下，毕加索才得以沉浸在色彩的世界中，终成一代艺术大师。

美国教育家克劳蒂娅说："一个儿童的艺术细胞，除去天赋外，最重要的就是有人去'发现'。从某种意义上讲，发现是最重要的。"如果让分数成为笼罩孩子心灵的阴霾，很可能一个个"毕加索"、"贝多芬"就在老师、家长的严厉督导学习中被扼杀了。在孩子成长的道路上，给自己一双发现的眼睛，透过成绩的迷雾，发掘孩子读书以外的天赋，引导他们顺应天性自由发展，你的孩子一定会还你一份惊喜，绽放属于自己的美丽！

# 多给孩子积极的心理暗示

美国著名心理学家马尔兹说："我们的神经系统是很'蠢'的，你用肉眼看到一件喜悦的事，它会做出喜悦的反应；看到忧愁的事，它会做出忧愁的反应。"当积极的心理暗示成为一种习惯，我们的神经系统也会发出积极的信号，从此，人生路上无论风和日丽还是苦雨凄迷，它都会督促我们不断前行，将困难踩在脚下，走出一马平川，走出一片灿烂前程！

罗杰·罗尔斯是纽约州第 53 任州长，也是纽约州历史上第一位黑人州长。他出生在纽约名声最坏的大沙头贫民窟，那里环境肮脏，充满暴力，是偷渡者和流浪汉的聚集地。在那儿出生的孩子从小就耳濡目染沾染了许多不良习气。他们逃学、打架、偷窃甚至吸毒，长大后很少有人能够获得比较体面的职业。

罗杰·罗尔斯却是个例外，他不仅考上了大学，而且成为州长。在罗尔斯就职的记者招待会上，与会记者不约而同地向他提出一个大家都关心的问题："是什么把你推向州长宝座的?"面对几百名记者，罗杰·罗尔斯对自己的奋斗只字未提，仅仅说了一个令人陌生的名字——皮尔·保罗。经过进一步了解，人们才知道皮尔·保罗是他小学的一位校长。

皮尔·保罗最初走进大沙头诺必塔小学的时候，发现那儿都是些穷孩子，他们整日无所事事，旷课、斗殴甚至砸坏教室的黑板公然与老师作对。皮尔·保罗想了许多办法来引导他们，可是都不奏效。后来他发现这些孩子都很迷信，于是在他上课的时候就多了一项内容——给孩子们看手相。他用这个办法激励了很多学生。

一天，当罗尔斯在外面玩够了，从窗台跳进教室时，正被皮尔·保罗逮个正着。出乎意料的是校长没有批评他，反而说："我一看你修长的小拇指就知道，将来你一定会是纽约州的州长。"这话令罗尔斯大吃一惊，因为长这么大，只有奶奶让他振奋过一次，还是说他可以成为5吨重的小船的船长。他记住了校长的话，并相信它一定会成为现实。

从那天起，"纽约州州长"就像一面旗帜在罗尔斯的心里高高飘扬，他的衣服不再沾满泥土，说话时也不再夹杂污言秽语，行动也不再拖沓和漫无目的。在此后的四十多年间，他没有一天不以州长的身份要求自己。51岁那年，他如愿成为纽

约州的州长。

一句话，很简单，却可以成就一个人的一生。人的内心确实有一种不可思议的力量，只要相信自己有某种能力，或一定会在某方面有所表现，他通常都会做得很好。多给孩子积极的心理暗示，让孩子在自信的光环下成长，他一定会成为最好的自己！

积极的心理暗示恰如"随风潜入夜"的春夜喜雨，滋润着孩子那颗充满童稚的心，潜移默化中成为注入他们心灵的巨大力量，陪伴他们扬起理想的风帆，破浪前行，拥有"这边独好"的无限风光！

# 从幼儿开始的美国幽默教育

美国人崇尚幽默，他们不仅把幽默看做一种可爱的性格，更视为一种可贵的品质。他们认为具有幽默感的孩子不仅能够让周围的人置身于轻松愉悦的氛围中，自己也能够以乐观的心态面对生活中的喜怒哀乐。因此，具有幽默感的孩子抗压的能力也是很强的，他们比较容易获得友谊，也拥有更多的自信与成功。

在儿童教育专家的倡导下，许多父母在婴儿出世 6 周时便开始对其进行独特的"早期幽默训练"。比如，抱着孩子做"下坠"动作；和他们玩捉迷藏——用一块手帕遮自己的脸，然后猛地抽走；等等。这些小游戏都会让孩子发出会意的微笑。

一周岁左右的孩子已对他人的脸部表情十分敏感。如果他学步时摔倒，父母往往会冲他做个鬼脸以示安抚，他则会破涕为笑。父母还常常鼓励孩子模仿自己做鬼脸，并夸奖他做的鬼脸"比爸爸做的还难看"。

到了两周岁，幼儿已能发现身体和所穿戴衣物的不和谐性，美国父母常常利用这一点来训练孩子的幽默感。如，大人把袜子"戴"在自己的手上，脸上则露出难受的表情。若孩子这时也学着把手套"穿"在脚上，家长则会和孩子一起哈哈大笑。

三岁幼儿的智力，已发展到能认识概念不和谐中潜藏的幽默。当爸爸故意手拎妈妈小巧的女式皮包，或妈妈故意戴上爸爸粗大的男式手表时，孩子见了就会一边摇头一边大笑不止。美国的家长往往默许孩子装模作样地戴上爷爷的大礼帽，手持拐杖，行步蹒跚，从模仿中体味幽默的快乐。

四岁左右的幼儿特别喜欢"过家家"，或扮演卡通人物。当美国人发现自己的儿子与邻家小女孩正在十分投入地扮演王子和公主时，不仅不阻拦，自己还可能客串坏蛋之类的角色，让气氛更为生动、活泼。

孩子长到五六岁时，可能对语言中的幽默十分敏感。如，巧用同音异义词、双关语或学习绕口令等，都会使他们产生浓厚的兴趣。父母还会引导孩子学习猜谜语，甚至鼓励孩子自己编一些简单的文字谜语。

七岁的孩子往往喜欢讲笑话、听笑话。有些笑话虽不够高雅，但大人们一般不会粗暴地批评乃至责备孩子。他们认为，此时的孩子，尤其是那些淘气的男孩，往往会通过笑话或恶作剧来"平衡"或"调节"自己的心态。尽管其中的幽默可能让大人们不快甚至难堪，但大人理应包容。原因很简单：这是孩子成长过程中的一个组成部分！此时若大人加以正确引导，让孩子们知道什么是粗俗，什么是幽默，才是明智之举。

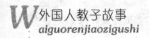
# 再忙也要抽时间陪孩子

现代生活的脚步匆匆，在沉重的生存压力面前，越来越多的家长成为孩子眼前一道飘忽的身影，或忙碌于职场，过着"披星戴月"的生活；或投身于打工的大潮，过年过节才能回家。与父母相伴，甚至已成为许多孩子可望而不可即的心愿。孩子的情感是饥渴的，成长是寂寞的。

多少次，望着城市的万家灯火，听着秒针、分针"滴答"地走过，孩子们热切盼望父母能早点儿回家与自己共进晚餐，可陪伴他们的只有零用钱和冰箱里的食物；多少次，在游乐场里羡慕地看着同龄人与父母在一起快乐地做游戏，可他们脑海里回响的却是"爸妈周末加班"的声音……

忙于工作的父母，请你们在为孩子提供物质条件的同时，千万不要忽略孩子的情感需求，尽量多抽一些时间陪孩子，让他们感受到父母的爱与关注。一个美好的童年不仅会为孩子增添几许温暖的回忆，还可能成为孩子一生的心灵驿站，供他们休整疲惫的灵魂，以更加饱满的状态去迎接生活的挑战。在父母关爱下成长起来的孩子，也会以温情的目光看他人、看整个世界。

革命导师马克思工作非常繁忙，甚至可以说用秒来计算时间。在他家里，星期天却是属于女儿的。每逢这时，即使再忙，马克思都要放下手头的工作，与女儿一起度过。一次，恩格斯来到马克思家里，看到他正在聚精会神地伏案工作，便提醒说："你忘记今天是什么日子了吗？"马克思愣了一下，拍了拍脑门，笑着说："哦，你不说我还真忘了，今天是星期天，星期天应该属于孩子们！"于是，他放下工作，和恩格斯一起，高高兴兴地带着孩子们出去郊游了。

马克思夫妇时常领女儿到野外去玩，让她们在那里尽情地捕捉蝴蝶，采摘野花，观察草木虫鸟。大家玩够了，就一路唱着歌回家。带着孩子投身于大自然的怀抱，既增长见识，又锻炼身体，更让女儿感受到那热烈、深情的父母之爱，为她们留下了美好的童年记忆。

马克思尽量让孩子的各个节假日都能过得有意义些，他为孩子们举办过隆重的圣诞晚会。在一间会客室里，绿绿的圣诞树上，挂满了金灿灿的灯花。当圣诞老人喜气洋洋地走进屋时，孩子们都惊呆了，小女儿爱琳娜首先发现了秘密："噢，

是爸爸！"孩子们一拥而上，去接受圣诞老人为她们带来的礼物，品味这满溢亲情、爱意的幸福生活。

马克思的女儿们永远也不会忘记和父亲一起度过的快乐时光，那些开心假日成为她们记忆中一个个跳跃的音符，演奏着一曲曲和谐、美好的旋律。有一句格言说：一个好父亲胜过一百个教师。马克思就是这样一位好父亲，他一生都在为人类的解放事业进行着不屈不挠的斗争，却一刻也没有忘记自己身为父亲的责任，在百忙中抽出时间陪伴孩子，和她们一起成长。这不仅是享受天伦之乐，更重要的是让孩子体会到家长爱的萦绕，给她们一个金色的童年。

每一个孩子都是降落人间的天使，只是来得太匆忙，忘记了带自己的翅膀。父母正是最初帮助孩子找到翅膀的人，是用自己的爱呵护孩子健康成长、帮助他们放飞梦想的人。有位科学家说："人类在探索太空、征服自然后，终将会发现自己还有一种更大的能力，那就是爱的力量，当这天来临时，人类的文明将迈向一个新纪元。"

爱是人世间最宝贵的情感，是家庭教育的重要支柱。单纯的物质满足，只会使孩子的翅膀镀上金边，终难飞得高远；精神上的关爱才是滋润孩子心灵的阳光雨露，才是驱使他们扇动翅膀自由飞翔的推动力。请多抽一些时间陪孩子，毕竟，心理上的健康才是真正的健康！

# 为批评穿一件表扬的外衣

北风和南风打赌，看谁的力量更大。它们决定比试谁能把行人的大衣脱掉。北风先来，它鼓起劲，呼呼地吹着，弄得寒风刺骨。可是北风越刮，行人越是把大衣裹得紧紧的，以抵御寒风的侵袭。

轮到南风上场了。它徐徐吹动，轻柔和缓，顿时风和日丽。行人越走越热，于是解开纽扣，继而脱掉大衣。南风获得了胜利。南风之所以达到目的，是因为它顺应了人们的内在需要，使行人把脱掉大衣的行为变成自觉。

教育孩子也是这样。孩子虽然小，但是他们也有自尊心，甚至更需要呵护。家长、老师应该尊重孩子的内在需要，多关心、鼓励他们，善于发现他们的闪光之处。每个孩子都可能犯错误，家长硬性要求孩子改正错误，效果并不会太好，反而会增加孩子的逆反心理。我们应该学会恰到好处地宽容孩子，及时强化孩子的正确行为，帮助他们获得不断进步的内在动力。

　　小克丽丝每天早晨起来都不自己收拾床铺，妈妈认为应该让她养成整理物品的好习惯。这天早晨，克丽丝又没叠被。妈妈故意把床上的毯子弄掉在地上，克丽丝下意识地把它捡起来铺好。妈妈看见女儿这一举动，觉得时机来了，夸奖她说："孩子，毯子铺得很平整呢！"

　　第二天，克丽丝起来后，不仅把毯子铺好，还整理了枕头。妈妈进来后立刻就发现了床铺与以往不同，格外高兴，不由得在女儿额头上亲了亲，称赞说："宝贝儿，床铺整理得真整齐，你真棒！"

　　妈妈低下头忽然发现克丽丝把袜子穿反了，不由得想笑，急忙忍住说："宝贝儿，真不错，你连袜子都穿好了。"克丽丝很得意，也低下头看看自己的袜子，却发现上面的两朵花倒了过来，不由得哈哈大笑："我的袜子穿反了，妈妈还要夸奖我！"

　　"你已经表现得很不错了，妈妈相信你明天一定不会穿反的！"

　　妈妈一边说着，一边帮女儿穿袜子，告诉她哪是正面，哪是反面，该怎么穿。接着妈妈又教女儿怎么系鞋带。

　　第二天，克丽丝起来得很早，不仅把床铺收拾得整整齐齐，还把袜子、鞋都穿好了。妈妈看到这一切后，高兴地抱住她说："宝贝儿，你长大了！"

　　慢慢地，妈妈发现克丽丝会做的事越来越多，她的房间也总是很整洁。

卡耐基说："对于孩子们来说，父母的注意和赞赏是最令他们高兴的。"孩子的成长需要阳光，在父母的鼓励声中督促他们比在责骂声中让他们改正错误容易得多。当孩子做错事时，家长一次次地重复同样的批评，反而会使孩子从不安、内疚发展到不耐烦，甚至反感，产生"我偏要这样"的心理。

12 岁的汤姆放学回家后，总是随意地把书包扔到地板上。对此，妈妈想过很多办法试图纠正他的这个不好习惯，但无论怎么提醒他甚至责备他，都无济于事。后来，妈妈决定用强化儿子正确行为的方法来帮助他改正不良习惯。一天，汤姆放学后没有把书包扔到地板上，妈妈立刻走过去，轻轻拥抱他，并夸他知道保管物品了。汤姆开始时很吃惊，但很快脸上就流露出自豪的表情。从此，他尽量不乱扔书包，即使偶尔忘了也会立即把它放在应放的地方。妈妈的及时表扬，强化了汤姆的正确行为，帮助他养成了不乱放物品的好习惯。

心理学家威廉·詹姆士说过："人性最深处的渴望就是获得他人的赞赏，这是人类之所以有别于动物的地方。"用欣赏的眼光看孩子，及时地表扬孩子，会帮助他们树立做事的信心，并肯定自我的存在，进而培养良好的品格。为批评穿一件表扬的外衣，用爱心去呵护，用严心去督导，让孩子在春风化雨中成长，让亲情的阳光温暖孩子的心灵。心理健康的孩子，才可能拥有幸福人生！

# 在等待中培养孩子的耐心

柏拉图说："耐心是一切聪明才智的基础。"人生就像一场长跑，大家的起点相同，最后的成绩却大不相同。这其中，耐心不是唯一因素，却是关键因素。培养孩子的耐心不仅对他们在学习上大有帮助，而且是他们人生道路上一笔不尽的财富。每天进步一点点，看似微不足道，日积月累，铺开的却是一地绚烂，织就的是锦色年华。

美国教育家斯特娜在教育女儿维尼夫雷特时发现，女儿没有耐心，只要她想到的事就立刻要求去做，否则就显得很急躁甚至会大哭，这种状况会持续到自己的要求得到满足或家长做出某种让步为止。斯特娜认为，孩子的要求很多，满足了一个，还会有其他的要求在等着。更主要的是，家长应该让孩子明白，这个世界上并非只有他一个人，也不是所有人都会围着他转。等待是必不可少的，失望也是必不可少的。所以，她在女儿很小的时候就刻意训练让她学会等待：

一天，斯特娜在厨房里烤面包，小维尼闻见香味就跑了进来。

"妈妈，我要吃面包。"

"还没有好，再等 5 分钟。"

"我不要等，我就要吃。"

"维尼夫雷特，面包还没有好，怎么吃呢？你如果饿了，就先去吃点儿糖果吧。"

"不，不，我就要吃面包。"

斯特娜把女儿抱出厨房，不再理她。5 分钟后，小维尼又跑进厨房，说："5 分钟已经到了，快给我面包。"

这时面包确实是烤好了，但为了使女儿有耐心，斯特娜并没有立刻给她，而是让她再安静地等一等。

"再等一等，虽然面包烤好了，但它现在很烫，你不能吃。"

"不，我不怕烫，现在就要。"女儿嚷起来。

"维尼夫雷特，你要有耐心，如果再这样纠缠，我就不给你吃了。"

维尼夫雷特生气了，一下子冲出了厨房，跑到自己的房间里哭了起来。过了一会儿，斯特娜把烤好的面包放在桌子上，大声对女儿说："哇，面包真香啊，现在可以吃了。"

女儿没有反应，妈妈知道她还在生气，也不理她，继续做其他的事。不一会儿，维尼夫雷特悄悄地从房间里走了出来，在桌子旁吃面包。

斯特娜觉得时机差不多了，就走过去对女儿说："维尼夫雷特，你要知道做什么事都必须要有一定时间的等待。刚才没有到时间，所以不准你吃面包。现在我允许你吃，是因为时间到了。你要明白，做任何一件事都要有耐心。"

为了研究忍耐力与成功的关系，美国心理学家曾经做过一个著名的"成长跟踪试验"。他们在一个幼儿园里选出十多个4岁儿童，发给每人一颗糖，告诉他们：这种糖非常好吃，但是，如果马上吃，就只能吃到手里这一颗；如果等20分钟再吃，则能吃到两颗。

结果，有些孩子立刻就把糖吃了；另一些孩子却极力不去想糖的美味，或闭上眼睛不看，或自言自语、唱歌，熬过漫长的20分钟后，终于吃到了两颗糖。心理学家继续进行跟踪调查，发现：那些能以坚韧毅力获得两颗糖的孩子，到青少年时期仍能等待，表现出很强的社会竞争力和自信心，抗压性也极强；而那些经不住诱惑，只吃到一颗糖的孩子，在青少年时期往往屈从于压力，逃避挑战，事业上取得成功的极少。

等待也是一种收获，在等待中我们能够理清思路，看清目标，踏歌而行，向着更美好的明天前进；在等待中我们积蓄力量，经过不懈的努力使得人生留下一个个精彩的瞬间！愚公移山书写的是不老的传说，滴水穿石传颂的是千古的佳话，耐心培育，我们的人生之花也可以灿烂绽放！

# 引导孩子自己领会错在哪里

　　著名教育家斯宾塞说："在教育中应该尽量鼓励个人发展的过程。应该引导儿童自己进行探讨，自己去推论。给他们讲的应该尽量少些，而引导他们去发现的应该尽量多些。"与其疾言厉色地呵斥孩子，在强制灌输中使他们产生逆反心理；不如把感悟成长智慧的机会留给孩子，在和风细雨中让他们体会人生的道理，品味生活的真谛。

　　大科学家爱因斯坦小时候并不聪明，甚至有些呆头呆脑的，被老师和同学视为"笨孩子"。他沉默寡言，又十分贪玩。母亲为此忧心忡忡，时常告诫爱因斯坦："不能再这样下去了，你现在不努力学习，长大怎么养活自己呢？"爱因斯坦总是不以为然地说："我的小伙伴们不是也成天聚在一起玩儿吗？他们家长也没说什么呀？"母亲不知道怎么说才能让儿子

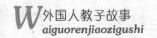
好好学习，终日陷在忧虑之中，爱因斯坦的父亲安慰她说："先别着急，等有了合适的机会，我会和儿子好好谈谈的。"

几天后的一个下午，爱因斯坦扛着钓竿要去河边钓鱼。父亲迎面走来，拦住他说："阿尔伯特，我昨天遇到一件有趣的事，等我讲完了，你再去钓鱼吧！"爱因斯坦只好不情愿地停下脚步。父亲说："昨天，我和你杰克大叔去清扫南边工厂的

一个大烟囱。你杰克大叔在前面，我在后面。我们抓着扶手，踩着烟囱内的踏梯，一阶一阶地往上爬，终于爬了上去。下来时，依旧是你杰克大叔走在前面，我跟在后面。当我们钻出烟囱时，我看见你杰克大叔满头满脸都是烟灰，心想自己一定也和他一样，脸脏得像个小丑。于是，我就到附近的小河边，把脸上和身上洗了又洗。"

父亲意味深长地看了爱因斯坦一眼，接着说："你杰克大叔看见我钻出烟囱时干干净净的，以为他也和我一样呢，洗了洗手就大模大样上街了。结果，街上的人都笑痛了肚子，还以为他是个疯子呢！"父亲一边说，一边哈哈大笑。

爱因斯坦听了，也忍不住和父亲一起笑起来。父亲笑完，严肃地对爱因斯坦说："其实，我们做事时不能看别人怎么做，而应该明确自己怎么做。拿别人做镜子，就会永远活在别人的影子里，而不知道自己是什么样的，你说是吗？"爱因斯坦听了，明白父亲是想告诉自己，不要看小伙伴们玩自己也跟着一起玩；一味学习别人不好的方面，受害的只是自己。想到

这些，爱因斯坦满面愧色，默默地放下钓竿，回到屋里看书去了。

　　每个人都有自己的生活方式，也都有自己的人生理想，不同的方式和理想决定不同的生活态度。你可以参照他人的生活态度，但永远不能踩着别人的脚印走。未来在每个人面前都是平等的，但它取决于你怎样去做而和别人怎样去做无关。只有清楚地知道自己想做什么，才能成为最好的自己！

　　孩子毕竟是孩子，他们没有经验、不成熟，在成长道路上需要父母随时引导，一味说教或者惩罚，反而会使他们产生逆反心理。与其滥用家长的权威压制或者惩罚孩子，不如像爱因斯坦的父亲那样，在讲道理中让孩子自己领会错在哪里，从而心悦诚服地改正错误，严格要求自己并取得更大的进步！

# 从孩子抓起的环保教育

　　从德国北部到南部，从工矿到乡村，茂密的森林，如茵的草地，竞相开放的野花，清澈流淌的河流，所经之处无不景色怡人，鸟语花香，整个德国犹如一个风光秀美的大花园。之所以如此，固然是得益于大自然的恩赐，也与德国从孩子抓起的环保教育是分不开的。

　　在德国，一年级的新生刚到学校报到，就会领到一本环保记事本。封面一片翠绿，上面印有森林、草原和田野。记事本设计得很精致，扉页之后每一页的左上角都印有精美的风光照片：在阳光下闪着白光的雪山、碧波荡漾的河水、自由奔跑的鹿群……大概是要告诉孩子们：热爱大自然，热爱我们生活的环境，热爱我们身边或大或小、或强或弱的生灵吧！

　　老师会告诉孩子们，记事本是用废纸和垃圾生产的"再生纸"做成的，不用耗费大量木材。这意味着不必砍伐宝贵的树木。老师还说，希望孩子们能有效利用记事本，把自己做的和环保有关的事随时记录下来。下面就是一个小学生的环保记录：

星期一　为濒临灭绝的灰鹤捐了一马克零用钱。

星期二　晚上我迷迷糊糊地睡着了，忘了关灯，浪费了大量的电，真不应该。

星期三　上图画课时，我因画得不好而连撕了3张白纸。老师说，造纸要消耗木材和大量的水、电。想到这些，我感到很惭愧，其实我本可以画得再仔细一些的。

星期四　我发现妈妈只为洗我的两件内衣就开动洗衣机，浪费水、电。妈妈接受了我的建议，答应以后等把衣服积得多一些时再洗。

星期五　哥哥得知开赛车会排放大量污染环境的有毒废气后，他和几个也爱开赛车的朋友一起想出了弥补的办法——每年每人额外种20棵树！

星期六　爸爸原本准备开汽车去超市购物，后来听了我的话改乘公交车，这样既可节约汽油，同时也减少了汽车废气的排放量。

星期日　我丢垃圾时发现没有分类，于是不顾臭味将垃圾分类后才丢入垃圾箱。

每周，学生们都要交流环保日记，从别人的日记里可以学到许多利于环保的办法。一位名叫奥茨的小朋友就曾别出心裁地设计出一种"环保收支簿"——他与父亲经过商量讨论制定了每周用电量和用水量的"限额",要是这一周超过了,下一周就必须节约水电以作"补偿"。在他的环保收支簿里,有这样一句话:本周已超额用电 28 度,因此我和弟弟保证下周只看三天电视并停止玩电子游戏。

德国小学生也有轮流值日的制度,但他们的值日工作是负责节约能源,即控制灯光和供暖。例如,只有在光线不足的情况下才可打开日光灯,而且只能先打开远离窗口的灯,再打开临近窗口的灯,尽可能地利用自然光照明;冬天供暖时,气窗是不打开的,因为热空气主要浮在上面,不能"漏"掉,下面的大窗只在课间开启 5 分钟左右,达到通风换气的目的即可;供暖也是随时调节,当教室达到一定温度时就关闭暖气。

在瑞典,幼儿园老师常常带孩子们到森林里玩耍或做小实验。例如,在地上挖几个坑,分别埋入塑料袋、纸、玻璃、香蕉皮等废弃物。过了几个星期后再挖出来看看发生了什么变化,告诉孩子们哪些垃圾可以被土壤吸收,而像玻璃等物质不仅不能被吸收,还会伤害到人和动物的脚,太阳光反射聚集还会引起火灾,所以不可乱扔玻璃。

地球是人类共同的家园,地球上的资源也是有限的,过度使用终会遭到大自然的报复。如果有一天连制造钞票的材料都没有了,那些以为花钱就可以随意浪费能源的人,恐怕想要财大气粗也无能为力了吧？

　　将环保教育渗透于日常生活中，从孩子抓起，从身边的每一件小事做起，让孩子在潜移默化中领悟到环保的重要性，从而渐渐养成自觉的环保习惯。在孩子幼小的心灵中，播下热爱大自然、热爱生命的种子，让我们生活的这片土地更加生机盎然，还人类一个绿色的家园！

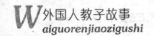
# 送给孩子独立生活的金钥匙

096

　　曾看过这样一则童话：蒲公英老了，子女问妈妈有什么遗产，妈妈送给每个孩子一把远飞的伞，让他们自己飞向更广阔的天空。爱孩子，就让他学会自立，这是蒲公英妈妈的选择。一位美国家长说：人一生中最重要的有两件事，一个是教育，另一个是独立。他们非常重视从小培养孩子的自立意识，并注重培养孩子与人交往的能力和在各种环境中的自我保护能力。

　　在美国，大多孩子从婴儿时期起独居一室，待长到三四岁，有了害怕心理时，家长就买来一种很小很暗的灯，彻夜亮着，以驱逐孩子对黑夜的恐惧。晚上睡觉前，父母会来到床前给孩子一个吻，说："宝贝儿，我爱你！晚安！做个好梦！"已经习惯自己独睡的孩子就抱个布娃娃、布熊之类的玩具安然入梦了。

美国父母也爱孩子，但他们决不围着孩子转。六七个月的孩子已经能抱着瓶子自己喝水、喝奶，大一点儿就学着自己吃饭，即使把食物撒在桌上、地上，父母也不会呵斥孩子，依然鼓励他们自己吃。

在日常事务的处理上，凡是孩子力所能及的事，父母都尽量让他们自己去完成。美国家长教孩子从小认识和使用各种工具及电器，让孩子掌握操作要领，并鼓励说："你应该学会使用这些工具，有什么东西坏了，你就可以自己动手去修理。"家里真有什么物品出了毛病，家长就让孩子大胆尝试去修理。

六七岁的孩子，父母已经开始对他们进行自我保护训练。领孩子上街时，随时随地教给他们交通规则并嘱咐其他注意事项，说明怎样走才安全，怎样做是危险的。许多家长还会写下一些必要的电话号码并让孩子记住它们，如：父母单位电话、警察局电话、消防电话、急救电话等。

美国的家庭教育是以培养孩子富有开拓精神、能够成为一个自食其力的人为出发点的。父母从孩子小时候就让他们认识劳动的价值，自己动手挣零花钱。在美国，常常看到一些小学生很早就起来送报，大多数孩子并不是因为家里穷，而是他们在"自讨苦吃"赚零用钱。许多中学生利用课余时间为餐馆发传单，为公司派发产品广告单，就更是很平常的事了。"要花钱自己挣！"这是他们的口号。

著名教育家蒙台梭利说："要让孩子懂得自己照顾自己。

他不用帮助就知道怎样穿鞋子，怎样穿衣服，怎样脱衣服。在他的欢乐中，映照出人类的尊严，因为人类的尊严是从一个人的独立自主的情操中产生的。"送给孩子独立生活的金钥匙，让他们自己去打开成功之门。也许，看着孩子开门远不如替他们打开房门轻松，孩子们获得的却是创造幸福生活的能力，打开门后，他们就会发现，平凡与平庸只是一墙之隔，每个人都可以拥有别样的人生！

# 让理财成为孩子的习惯

西方国家有句名言："用一分钟的时间去赚钱，用五分钟的时间去理财。" 儿童教育专家认为，孩子越早接触钱，越早学会理财，长大后越会赚钱，关键是父母如何教会孩子理财。更为重要的是，受到良好金钱观教育的孩子长大成人后才能对金钱抱有正确的心态，处理好人与金钱的关系。

在比利时，孩子们从八九岁起就懂得了如何"精打细算"地支配自己有限的零花钱。我们常会听到孩子们说"我还没有攒够钱，不能买自己喜欢的东西"、"我的钱要等到商品降价时才能用"之类的话，因为他们知道，父母在给零花钱方面是绝不会迁就他们的。在比利时父母眼中，零花钱并非单纯提供物质享受，而是孩子们初学理财的工具。

孩子们从 8 岁开始，每周就能从家长那里得到零花钱了，但金额不大，仅是几枚硬币。孩子们想买到自己喜欢的东西，必须慢慢积攒。虽然每个家庭给孩子零花钱的标准不一，但家长们引导孩子正确消费的原则是一致的，即不会给孩子额外"补贴"，他们必须有计划地支配自己的零花钱。如果孩子攒的钱不够，而他又确实想尽快买到自己想要的东西时，可以先向家长借，再用以后的零花钱慢慢偿还。迈克用向父母借钱的方法买下了自己喜欢的一张游戏碟，但后来3个月的零花钱被陆续扣掉了。"这张碟对孩子来说得之不易，他付出的是3个月没有零花钱的'代价'，学到的却是在消费面前应有的谨慎和思考。"迈克的妈妈说。

在比利时，小学就开设了专门课程，教孩子了解成年人的各种职业、什么是劳动报酬、如何区别各种商品及其价格的确定等。同时引导儿童理解媒体、广告和消费者之间的关系，让他们了解广告对消费者的行为影响。

为了让孩子们认识商品与价格、劳动与报酬的关系，比利时的中小学校每年还会办一些集市，鼓励学生将自己制作的手工艺品拿去出售，从而让他们理解劳动创造价值的理论。同样，学生们也可以在集市上买自己喜欢的东西，但每个人的消费额不能超过两欧元。这样，孩子们在买东西前就会再三权衡自己最需要什么，由此学会选择，并意识到自己不可能拥有所有喜欢的东西。

家长在消费方面也非常谨慎，他们花钱之前通常会制订一个消费计划，告诉孩子哪些该花、怎么花。同样，家长在给孩子零花钱时也会建议他们存一部分，并帮他们制订一个有计划的消费"目标"。在家长和学校的双重教育下，比利时的大部分孩子从小就形成了正确的消费意识，他们很少随便买东西，更不会在金钱方面互相攀比。

引导孩子从小学会理财，不是有钱没钱的问题，而是培养孩子形成什么样的人生观和价值观的问题。富有如比尔·盖茨也从不用钱来摆阔，衣着也不讲究什么名牌。他总是告诫孩子们："花钱如炒菜一样，要恰到好处。盐少了，菜就会淡而无味；盐多了，苦咸难咽。"与孩子们在一起时，盖茨很少去豪华的餐馆就餐，一般情况下，他们都是去快餐店，或是到一些小咖啡馆，有时还会光顾一些很有特色的小店去买打折商品。

崇尚消费，只会使孩子养成贪图享受、爱慕虚荣的不良习气，不利于培养他们吃苦耐劳的精神及独立生活的能力。 即便是经济条件较好的家庭，在消费时也应该注意培养孩子"有效消费"的习惯。过度的铺张浪费，实际上也是在糟蹋大自然的恩惠，这已经不是关乎个人的小事，而是关乎全人类的大事！对于每个人来说，合理利用财富比拥有多少财富更为重要！

# 不要拿孩子进行攀比

　　"人和人是不一样的，当你认识到自己的最大优点就是和别人不同时，你才会有最完全的自信。我们要的是野生植物，不要园林植物。所谓的'哈佛女孩'是人们神化哈佛的一个盲目的标签，所谓的把成长公式化是对教育的最大侮辱。"提前被哈佛大学录取的复旦附中高三女生汤玫捷曾经如是说。

　　遗憾的是，许多家长恰恰把成长公式化作为评价孩子好坏的标准，企图按照他人成功的模式来刻画自己的孩子。"尺有所长，寸有所短"，每个孩子都有自己的闪光之处，我们应该学会强化他们的优点，在万紫千红的大花园里，让孩子自由绽放那属于自己的美丽！

　　苏珊和露丝是表姐妹，她们在同一年级上学。苏珊聪明好学，是一名非常优秀的学生。露丝成绩虽然不好，却活泼可爱，乐于助人，因此也深受老师和同学喜爱。可是，露丝的妈妈不这样看，她总是夸奖苏珊，数落露丝，弄得露丝灰心丧气，觉得自己就像只丑小鸭。

圣诞节到了，到处都是一派节日的气氛。"露丝，放假了，我想去你们家里玩，我们一起布置圣诞树吧！"苏珊高兴地对露丝说。"好啊！"露丝还是很喜欢和苏珊一起玩的。

苏珊和露丝的妈妈聊到考试成绩时，她兴奋地告诉姑妈，自己除了科学是 B，其他科目成绩都是 A。"你真是一个好孩子，学习成绩总是那么棒。哦，我还没有看到露丝的成绩单呢！露丝，你来一下。"

"唉，又是成绩！"露丝早在隔壁房间里听到了她们的对话，犹豫着不愿出来，可妈妈还是主动提起了这件事。"露丝，把成绩单拿我看看。瞧，苏珊考得多好啊，你怎么样？"

露丝极不情愿地把成绩单从房间里拿出来，递给了妈妈，她的眼里闪着泪花，强忍着没哭出来。

"没有一个 A，大部分是 C。你真让我感到羞愧，露丝。"妈妈忍不住大声呵斥起来，"你的学习环境不比苏珊差，为什么你的成绩总这么糟呢？……"虽然已经不是第一次在苏珊面前挨训了，露丝还是很下不来台，她从小就活在苏珊的阴影下，怎么努力都比不过苏珊。露丝含着眼泪回到自己的房间，一点儿过节的心情都没有了。

"露丝，怎么了？不高兴了？我们一起来装扮圣诞树吧！"

不知道什么时候爸爸回来了。

"爸爸，我又没有考好，我是不是天生就这么笨啊？"露丝沮丧地对爸爸说。

"哦，宝贝儿，不是的，只是你没有搞明白老师的问题而已。你其实是一个很用功也很懂事的孩子，你在其他方面都做得很好。"爸爸用充满鼓励的目光看着女儿说。

听了爸爸的话，露丝开心多了，她开始和苏珊一起装扮圣诞树。一会儿，树上就挂满了露丝折的小星星和小铃铛。爸爸对露丝的手艺赞不绝口。

妈妈也被他们的笑声吸引过来了，看着露丝的作品，她情不自禁地说："你的小手真巧啊！"

"亲爱的，你不是才发现我们女儿的天赋吧！"看着妻子，爸爸意味深长地说。

看着女儿那双充满期望的眼睛，妈妈一下子明白过来了，她大声说："哦，我的女儿确实很可爱呢，你们都是好孩子。"

满心的阴霾一下子驱散了，露丝拉着苏珊的手，高兴地围着爸爸妈妈跳起了舞。这真是一个快乐的圣诞节！

有些家长认为拿自己孩子的缺点与其他孩子的优点相比，就可以激励其上进。实际上，这种做法只会使孩子脆弱的心更加无助，甚至还会刺伤他们的自尊心，造成难以预料的后果。每个孩子都有自己的闪光之处，家长应该学会发现并欣赏他们的优点，时时鼓励他们，让他们保持自信。只有自信的孩子，

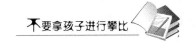

才能在生命的交响乐中演奏出最华美的乐章!

　　每个孩子都是降落人间的天使,只不过是来的时候太匆忙,遗失了自己的翅膀。父母、老师应该用爱心去呵护,用严心去督导,帮助孩子找回失落的翅膀,让他们飞向更广阔的天空!

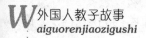

# 性别教育从幼儿开始

在美国，父母对幼儿的性别差异是很看重的，年轻的妈妈们会精心挑选适合孩子性别的用品，有时因为颜色花哨的原因，她们还会不放心地再三向营业员询问，生怕弄错了。几个月大的男孩就已经穿上了正式的男用内裤，尽管内裤里还裹着纸尿布。用美国妈妈的话说就是，即使孩子现在没有性别意识，家长也要按男孩的要求来为他们着装，应该让他们从小就知道男孩、女孩不一样。在众多的托幼机构里，幼儿的卫生间也是分男女的，都有着明确的图案标志。卫生间里面的设施和成年人的一样，只不过比例缩小了而已。为了便于幼儿识别，有的幼儿园中，女孩卫生间的墙、瓷砖用粉红色，男孩的则用浅灰色。孩子们入幼儿园，上的第一课往往便是如何区分男孩、女孩的卫生间，而且最初孩子们去卫生间的时候，老师们一定会提醒他们别走错了。有的孩子好奇心强，男孩可能会跑到女孩的卫生间去看个究竟，老师也不会批评，只是问他们是否看清有什么不一样。

从小培养男孩的男子汉意识，教导女孩更细心，这已是美国父母心中约定俗成的育儿观。假如母亲送儿子上幼儿园，儿子缠着妈妈不肯放，妈妈只要说："你已经是小男子汉了，男子汉是不能哭的。"男孩通常都会忍住哭，松开妈妈的手，做自己该做的事。

心理学家告诉我们，少数孩子在成人后有易性癖倾向，与小时候性别模糊和错位有很大关系。比如，有的家长喜欢女孩，就把男孩装扮成女孩，或者是无意识地娇生惯养，久而久之，孩子男性化的心理可能会不由自主地改变，举止动作女性化，甚至产生性变态心理。实际上，孩子的性别意识是否鲜明，与父母早期的启蒙教育有很大关系。

虽然"男女都一样"的口号早已被无数人喊得震天响，现实却无情地告诉天下父母：对不同性别的孩子采取完全一样的教育方式是根本行不通的。可悲的是，许多父母对此却处于懵懂状态。在这一点上，美国父母对孩子的养育方式、传递的信息以及对他们的期望，是根据孩子性别的不同而有所区别的，这是一种极为明智的教育方法。

父母必须清楚，男孩最终要变成男人，女孩早晚要变成女人。阳刚、豪放、霸气是男人的气魄，阴柔、娇媚、收敛是女

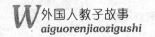
人的标志；勇往直前、永不言败是男性的魅力，柔情似水、感性至上是女性的专利。从一定意义上说，只有男女有别，才能构成一个完美的世界。

# 引导小孩子关注大世界

在日本幼儿园、小学的教室或活动室里，常常悬挂着一幅似乎与孩子年龄不太相称的世界地图。这幅地图并非简单的装饰品，而是老师、家长随时引导小孩子关注大世界的"窗口"。当孩子们吃中国豆腐时，老师就领着他们在地图上找到中国；吃西班牙海鲜饭时，老师就引导孩子在地图上找到西班牙；在麦当劳吃快餐时，家长则会向孩子介绍美国的相关情况。

教孩子们学唱各国童谣时，老师常常会不失时机地引领他们"神游"世界各地。例如，在唱俄罗斯童谣《红莓果》时，老师就会告诉孩子们，俄罗斯是世界上领土面积最大的国家；学唱朝鲜童谣《小白船》时，老师就会告诉孩子们朝鲜和韩国的相关情况；学唱菲律宾童谣《船歌》时，老师则会向孩子们介绍"千岛之国"的迷人风光。

学习外语，自然也是引领孩子熟悉世界的有效途径。学汉语的孩子在学习语言的同时，老师会向他们初步介绍中国的书法、舞蹈、乐器和民俗等。学英语时，老师往往会通过指导孩子阅读相关书籍或看电影，让他们了解美国人和英国人在生活方式方面的某些异同。

家长也非常重视引领孩子开阔视野，他们经常和孩子一起看"快乐的世界旅行"、"未知的世界"、"国际新闻"等电视节目。许多日本家庭都为孩子买了地球仪，只要一听到某个陌生国家的名字，家长便会耐心地和孩子一起在地球仪上寻找这个国家的地理位置，或是进一步向孩子介绍这个国家的相关国情。寓教于乐，往往也是家长引导孩子关注世界各国的一个有效手段。如果新买的玩具上印有哪国制造的字样，在孩子们玩的时候，家长也不忘鼓励他们通过上网、看书等手段了解这个国家的相关情况。

日本还坚持实施"青少年海外派遣"计划，了解他国的文化、教育、社会福利、企业现状等，以扩大青少年的国际视野，培养他们的国际协作精神。未能获得派遣的孩子们，家长则会找机会带他们去国外旅游以开阔视野，回国后常常会举办以孩子拍摄的照片和收集到的世界各地的纪念品为主的小型家庭展览会。当然，光顾这类展览会的观众主要是孩子的小伙伴们。

在日本，图书市场上供幼儿初步了解世界知识的连环画、杂志等读物也非常多，很多孩子的床头都摆放着诸如《我们的邻国》、《各国国旗》等图文并茂的书。通过日积月累，孩子们的国际视野大大开阔。据悉，5岁的儿童就已经能画出标有日本与其他邻国的地图来。由于这种全方位的"开阔视野"教育，在日本学龄前孩子所热衷创作的儿童画中，竟然包括了世界地图！

古人云：风声、雨声、读书声，声声入耳；家事、国事、天下事，事事关心。读死书、死读书培养出来的只是沉浸在自我世界中的书呆子，而毫无利人之心，更别提于国、于家有所贡献了。引导小孩子关注大世界，从小培养他们放眼天下的胸襟。让孩子了解时代赋予的使命，自觉地把学习看做一种乐趣，化提高成绩的压力为获取知识的动力，变苦读书为乐读书，活学活用，方能于时代的洪流中一展真我的风采！

# 多让孩子尝 "苦头"

"不经一番寒彻骨，哪得梅花扑鼻香。" 人生亦是如此。在蜜糖中长大的孩子，沐浴在童年的七彩阳光中，未免缺少几分经风雨见世面的坚强。生活太过甜美，苦难来临时难免会有些措手不及，少了几分坦然面对的洒脱与从容。爱孩子，不妨为他提供成长的空间，提前让生活的磨难去砥砺他的品德和心性！

澳大利亚属于发达国家，人民生活比较富裕。富裕的澳洲人却信奉：再富也不要 "富" 孩子！他们的理由是，娇生惯养的孩子容易缺乏自制力和独立生活的能力，长大后很可能会被社会淘汰。

"孩子应该比大人少穿一件衣服，" 一位妈妈这样说。事实的确如此，即使在最寒冷的季节，漫步在澳大利亚街头，也很少见到哪一个孩子穿厚厚的棉衣，最多只是在"短打扮"外面加一件绒衣，一旦太阳出来，便将绒衣脱去。

每逢给孩子注射防疫针的日子，社区儿童保健站里都会有长长的队伍。排队时，家长便将不会走路的孩子放到地毯上，任其自由爬、滚。孩子哭喊，家长也只是安慰几句，很少有一哭就抱的时候。

澳大利亚人酷爱勇敢者的运动——冲浪，无论酷暑还是寒冬，父母都会常带孩子去海滩玩。小孩子褪尽"束缚"，光着脚丫独自或三五成群地玩沙、玩水；稍大一点儿的孩子便跟着父母下海冲浪，呛水现象时有发生，父母不过是为其拍拍背，便鼓励孩子再次下海去搏击风浪。

在饮食方面，澳洲人也有故意让孩子"尝苦头"的意思。中小学生可以在学校餐厅吃午餐，可是午餐的质量一般，即使花钱能买到的也不过是汉堡之类的普通食品；学生也可以自带午餐，通常是一瓶可乐加一个汉堡和一个水果。孩子们外出旅游，如需就餐，通常是光顾既便宜又实惠的快餐店。如果仅从孩子们带的食物来判断，还真看不出有贫富之别。

世界许多国家都非常重视给孩子提供吃苦的机会，让他们从小去经历磨难和挫折，培养自理能力和吃苦精神。日本幼儿园有"远足"锻炼课，即保育员带孩子们步行往返到三四千米以外的公园游玩。小学高年级和中学几乎每年都举办"田园学校"、"森林学校"、"海岛学校"等，不仅是让孩子们了解农

村生活，更主要的是培养他们独立生活的能力和吃苦耐劳的精神。大多数家长要求孩子从小做家务、整理房间、做饭、买东西，几乎从不接送孩子上学放学，外出时也是让孩子自己背着包。就连孩子上大学，也是学费由家长出，生活费靠自己打工赚取。

多让孩子尝"苦头"，显然，不仅是指在生活条件上不任由孩子奢侈浪费，同时也是说对孩子不能娇生惯养，要培养他们独立生活的能力和克服困难的勇气。付出与收获相伴，今天的磨难往往孕育明天的成功。孩子早晚都要离开父母去开拓属于自己的空间，与其让他们到那时惶惑无助，不如让他们从小遍尝人生况味，苦出"横扫千军如卷席"的强者气概，苦出"不管风吹浪打，胜似闲庭信步"的侠骨豪情，苦出"风景这边独好"的美好未来！

# 向孩子坦承家庭收支危机

　　大文豪托尔斯泰曾说："幸福的家庭都是一样的，不幸的家庭各有各的不幸。"的确如此，我们渴望送给孩子一个金色童年，然而，更多时候，我们必须面对的却是悲喜交织的世俗人生。是向孩子隐瞒生活的苦难，还是坦承家庭危机，让孩子学会从容面对现实呢？可以说，许多家长都曾被这个问题困扰过，也许看完下面的小故事你就会给自己一个明确的答案！

　　"露丝，你等等。"周末下午，艾伦太太拦住了正欲出门的女儿。

　　"妈妈，有事吗？我想和玛丽去逛街、看电影。"露丝有些诧异地问。

　　"你先等等，我有话和你说。"艾伦太太让女儿和她到书房去谈。

"妈妈,快点儿好吗?"露丝急着出去,但还是和母亲来到书房。

"哦,宝贝儿,有件事,我想,我必须告诉你,爸爸失业了,我们必须节俭,希望你能和我们一起渡过难关。"艾伦太太有些悲伤地说。

"不,妈妈,这不是真的,对吗?"露丝不愿意相信妈妈说的话。

"不,宝贝儿,这是真的。"艾伦太太非常难过,但还是竭力控制,以免自己的坏情绪波及女儿,"这不是爸爸的错,是体制问题,你依然要爱爸爸。"

露丝哭了。艾伦太太搂过哭泣的女儿说:"宝贝儿,我们目前的生活有些困难,我告诉你,是希望你能配合我们共渡难关。但是,你也要相信,一切都是暂时的,没有克服不了的困难,爸爸很快就会再找到工作的。"

"妈妈,对不起,我不知道家里发生了这样的事,我为自己的行为感到羞愧,我以后再也不乱花钱了。我爱你们!"露丝流着泪说。

艾伦太太把女儿紧紧搂在怀里,脸上露出微笑。她想:家庭出现收支危机,并非完全是祸,它让女儿学会了和父母一起承担生活的压力。

对于一个普通家庭而言,一家之主的失业,无疑意味着家庭收支危机的开始。是向孩子坦承危机,还是让他们继续生活在家庭未遭变故的旧梦中？暂时的失业并不可怕，令不少失业的父亲担心的只是如何向孩子说明这种危机。"会不会给孩子造成精神伤害？" "会不会使孩子陷入不必要的恐惧之中？" "孩子抗压的能力并不是很强，会不会影响他们的性格？"……

48 岁的藤井是某证券公司的职员，当他得知公司主动停业的消息后，左思右想，还是把全家成员召集在一起，详细说明了公司的状况和今后摆在眼前的情况："家里多少还有些积蓄，你们不必担心钱的问题，一切照常进行。剩下的就是爸爸再找工作，这是爸爸自己的事。"面对反复申明让家人"不必担心"的父亲，大儿子严肃地说："您现在是非常时期，加油吧！我已经 19 岁了，能够边上学边打工，帮家里克服困难了。" 15 岁的小儿子听了也表示说怕影响学习，想处理掉房间的电视。

日本教育评论家尾木树直说："家庭的危机不会直接使孩子不上学或走上歧途，但家长心神不宁、逃避、酗酒的形象却会对孩子产生恶劣的影响。相反，应该借这个机会，与孩子一起讨论一下人生，剖析自己的经验，反思工薪阶层的生活方式。"

家庭难免会遭遇各种不幸，遇到困难时，有些家长害怕向孩子坦承危机会给他们的心灵带来阴影，影响他们健康成长。其实，在必要时，告诉孩子目前的家庭境况，和他们共同商量对策，反而会让孩子感到自己是这个家庭中不可忽视的一员，增强他们的责任感和平等意识，促进其自立。"家庭收支危机"往往包含着教育孩子的积极因素，聪明的家长应该以此为契机，引导孩子认识到严峻的社会现实，鼓励他们努力学习并提高实际运用的能力，为孩子日后独立谋生打下坚实基础，上好这特殊而有意义的一课。

请爸爸不要把所有的困难都自己承担。

# 把总结经验的机会留给孩子

在人生旅途中，有如画的美景，自然也有满路的泥泞。是让孩子生活在父母爱的目光中，独自品尝人生的酸甜苦辣，于失败中总结教训，在挫折中激励自己；还是让孩子蜷缩在父母爱的羽翼下，小事包办，大事操心，不让他们受到些许伤害呢？很多父母可能会不假思索地选择前者，相信你看完下面的小故事，就会更加坚定自己的选择的。

杰克要和同学一起参加学校组织的为期两天的野营，这次野营是到山里去，老师向他们介绍了营地的情况，并针对准备工作提出一些建议。妈妈问杰克是否需要帮忙，杰克骄傲地说，他已经是男子汉，能够照顾自己了。临走前，妈妈检查了杰克的行李，发现他没有带足够的衣服，因为山里要比平原冷得多，显然杰克忽视了这一点；他也没带野营通常要带的东西——手电筒，但妈妈并没有提醒儿子。杰克兴高采烈地出发了，两天后，他回来时，妈妈问："怎么样，玩得开心吗？"

"我的衣服带得太少了，有点儿冷，而且由于我没带手电筒，每天晚上都是借同学的手电筒才能出去观赏山里的夜景，这两件事弄得我有些狼狈。"

妈妈问："为什么衣服带少了呢？"

"因为我没想到山里的天气会比这里冷，所以只带了平常穿的衣服，下次再去，我就有经验了。"

"如果你去佛罗里达，也带同样的衣服吗？"

"不会的，因为佛罗里达比这里热。"

"你应该先了解一下当地的天气情况，再作决定，是吗？"

"是的。"

"那手电筒呢？你没想到野营会用到它吗？"

"想到了，老师也告诉我们带了，可我忙来忙去，就忘了。下次远行时我应该像爸爸出差前那样先列一个单子，这样就不会忘带什么东西了。"

这位妈妈虽然知道儿子少带了衣服和手电筒，会给他的野营带来不便。但说实话，这并不是什么原则性问题，妈妈也就没有马上指出来，而是等儿子回来后，通过问"玩得开心吗？""为什么没多带衣服？""为什么没带手电筒？"让杰克自己得出结论："下次再去，我就知道该如何做了"，"我下次远行时应该像爸爸出差前那样先列一个单子……"

妈妈大胆地松开了双手，让儿子独立去做他应该做的事，把发现问题、总结教训的机会留给了孩子。孩子可能会走一些弯路，也可能会多吃一些苦头，但他们通过尝试获得的经验要比家长直接传授给他们的经验深刻得多。无论是成功的经验还是失败的教训，对孩子来说，都是他们成长道路上一笔不可多得的财富，都会指导他们在今后的生活中少犯或不犯类似错误。

121

# 站在孩子的立场思考问题

随着时间的脚步匆匆走过，我们一天天成长、成熟，渐渐步入成年，为人父母。时光的印辙留下了成长的痕迹，也尘封了我们的童年记忆。我们忘记了曾经的顽皮、叛逆，忘记了曾经的年少轻狂，忘记了自己那飞扬的青春。

家长总觉得自己的人生有许多缺憾，因此，便以完美来要求自己的孩子，希望他们的人生能少留几许遗憾。在正襟说教的同时，身为父母的你，是否意识到那颗童稚的心也需要理解、需要呵护了呢？

罗丝放学回家后气呼呼地对妈妈说，今天老师当着全班同学的面批评她。妈妈听后，说道："是你又淘气了吧？要不，老师怎么会说你呢？"罗丝瞪起眼睛生气地说："我什么也没做。""不会吧，老师怎么会无缘无故地斥责你呢？"

罗丝听后，看了妈妈一眼，不说话。妈妈继续问："你到底做什么了，快说呀？"罗丝很倔强地说："什么也没做！"如果再这样问下去，母女俩一定会僵持起来，到头来什么问题也解决不了。

此时，罗丝妈妈终于感觉到孩子在学校受到批评，回到家里和父母说是想得到理解和安慰，而不是想再次听到斥责。于是，她改变了态度，温和地说："老师在全班同学面前批评你，你当时肯定觉得很尴尬。"罗丝有些不相信似的抬头看了妈妈一眼，没说什么，妈妈继续说道："我上四年级时，也遇到过这样的事，我在考试时向同学借铅笔，老师就批评我，让我下不来台，我当时觉得很尴尬，也很气愤。"

"真的？"罗丝说，"我也只是在上课时向同学借铅笔，老师就教训我，不公平。"

"哦，是这样。但是妈妈后来想，如果同学们都互相借铅笔，那老师怎么办呢？"

罗丝似乎明白了什么，有些不好意思地低下了头。妈妈接着说："你能不能想个办法，今后不再让类似情况发生呢？"

"我可以多准备一支铅笔，这样就不会和同学说话，影响老师讲课了。"

"嗯，这个主意不错。"妈妈松了一口气，她觉得自己能够理解孩子并和孩子沟通了。

父母应该尽量站在孩子的立场上思考问题，如果实在不了解孩子，不妨多想想自己小时候的事。设身处地从孩子立场出发考虑问题，就会发现孩子的要求其实很简单，他们的感受也并非不合情理，关键是家长用什么样的眼光去看他们，用怎样的心情去容纳他们。

孩子有孩子的世界，孩子有孩子的逻辑和需求，不要拿成人的标准去要求他们。其实，孩子有时候并不是对某件错误的事执迷不悟，他们只是需要父母的同情和安慰，哪怕是一句简单的话，也会让他们感到被理解的快乐。家长换个角度思考问题，就会有不一样的收获。

# 培养孩子积极进取的心态

　　美国第 34 任总统艾森豪威尔出生在得克萨斯州丹尼森城一个贫苦家庭，他的出生给原本贫困的家庭更增添了负担，父母只能靠做工维持生活。由于家境贫寒，他的 6 个兄弟姐妹都没受过高等教育，艾森豪威尔也只能免费进入西点军校。可是，父母却从未放松对他们的早期教育，尤其是母　亲——那位读书不多，悟性却是极高的女子——非常注重对孩子们健全人格的培养。

　　一天，妈妈拿出了一篮子苹果，红红绿绿，大小不一，孩子们都想得到其中最大最红的那个。妈妈说："门外的那片草坪已经很久没有修剪整理了，你们每人负责一块，谁完成得最好就把那个最大最红的苹果给他。"孩子们都干得非常认真，但最后还是小艾森豪威尔赢得了那个最大最红的苹果。后来，他回忆说："这件事几乎影响了我的一生，它让我明白，只有做得比别人出色，才能得到更多。"母亲通过修剪一块草坪让孩子们明白了要获得就要积极进取的道理。人与人之间的境遇不同，他们的心态也是不同的，但能够实现人生价值的恰恰是那些具备积极进取心态的人。

艾森豪威尔是幸运的，他有一位聪明、乐观、有见识的妈妈，妈妈从方方面面都注重对孩子们积极进取人生观的培养。

一次晚饭后，小艾森豪威尔和家人一起玩纸牌，连续几次抓的牌都不好，他开始不高兴地抱怨。母亲停下玩牌，严肃地对他说："发牌的是上帝，不管怎样的牌你都必须拿着，如果你要玩，必须用你手中的牌玩下去，不管那些牌怎么样！你能做的就是尽全力打好手中的牌，求得最好的效果。人生同样如此。"

很多年过去了，艾森豪威尔一直牢记着母亲的教诲。"尽全力打好手中的牌"，这句话也成为他的座右铭，激励着他前进。从此，艾森豪威尔无论遇到什么样的困难，都从没对生活抱怨过，相反，他总是以积极进取的心态、乐观饱满的情绪去面对人生的每一次挑战，尽自己所能做好每一件事。

虽然牌是上帝发的，但值得庆幸的是，打牌的权利掌握在我们自己手中。只要我们不自暴自弃，牌就不会永远坏下去，否则一手好牌也会被怨天尤人的心打得一塌糊涂。艾森豪威尔的母亲通过言传身教让孩子们明白，一个人要想实现自己的人生价值，必须依靠自己的努力。天上掉馅饼的情况是不存在的，命运不会无缘无故地厚待哪个人，除非他通过展示个人的才能向大家证明：他值得被厚待。

从一个贫苦人家的孩子成长为中校、盟军统帅，直至成为美国历史上第34任总统，一步一步，艾森豪威尔的成长道路是艰难的，也是踏实的。可以说，每一步都渗透着他的努力，他都在尽自己所能迎接每一次挑战。当然，母亲的教育在他身后也起到了不容忽视的推动作用。

# 快乐生活的能力比提高成绩更重要

著名教育家铃木镇一上小学时，日本的升学压力就很大，家长、老师都希望孩子能考出好成绩。老师常常说：谁的学习成绩好，谁就是优秀孩子；谁的考试分数最高，我们就应该向谁学习。

可是，铃木的学习成绩总是"不尽如人意"，常常考 65 分、70 分，最高的一次也不过 78 分。因此，他在学校不仅得不到老师的表扬，还常常受到批评。一次，期末考试的成绩单发下来时，老师又批评了他："铃木同学，你的学习成绩怎么总是没有进步，这次你又只考了 72 分，在全班同学中，你的成绩可是倒数第 5 名啊。别的同学都有进步，可你怎么总是这样呢？这样下去，我觉得你能否升入中学都是个问题。"

老师的批评令铃木难过极了，他对自己的能力产生了怀疑，是不是自己确实很笨呢？带着这种忧虑，他回到家中。细心的父亲发现儿子的神情有点儿不对劲，走过来问："孩子，怎么你看起来无精打采的，出了什么事呢？"

"爸爸，请原谅我。"铃木沮丧地说。

"你要我原谅你什么呢？"父亲不解地问。

铃木低着头把成绩单递给父亲，并向他转述了老师的批评。

父亲听了之后，平静地说："孩子，你不应该不高兴。其实，你只要每门功课都考60分就行了。"

"什么？60分？60分就行了？"铃木吃惊地问，还以为父亲在开玩笑呢！

"是的。60分就表明你及格了，及格就是合格的意思。你合格了，难道这还不够吗？"父亲平静地说。

"可是……，可是老师要求我们每人都考90分，最好是100分。"

"考100分当然好，但没有必要只为100分而奋斗。你想想，工厂里的产品只要合格了就可以出厂，就可以投放市场。你考60分，就意味着合格了。既然合格了，为什么还要把时间和精力浪费在虚名上呢？"爸爸耐心地解释道。"现在有很多孩子在父母和老师的压力下，总想得第一名，总想次次都考100分，这有什么意义？镇一，你一定要记住，追求知识是一种快乐，而不是一种争名夺利的手段。如果学习只为了考试，只为了分数，只为了争第一，那么，学习知识还有什么快乐呢？那只能是一种痛苦！"

"爸爸，如果真像您说的这样，学习不就变得轻松了吗？"听了父亲的话，铃木兴奋地问。

"当然是这样，学习应该是一种轻松和快乐。倘若学习变成一种负担，那就不但无趣而且无奈了。"

自从和父亲的这次对话后，铃木不再为分数苦恼了，而是把大量时间放在博览群书和学习课外知识上。后来，铃木自豪地说，他的童年是在享受追求知识的快乐中度过的。

"我的爸爸很早就让我知道，我并非一定要得第一不可。"一位德国留学生在回忆自己所受的家庭教育时也曾这样说道，"在我失败时，爸爸总是告诉我，他对此并不感到耻辱，他认为我比成绩重要得多，但是他的确希望我能够取得好成绩。"

德国人注重为孩子的学习环境创造良好的条件，但是，他们不希望给孩子太大的压力；他们也关心孩子的成绩，但是，他们不会把分数看得比孩子、比能力更重要。德国人更愿意从情感上教育孩子，他们让孩子从小就感受到父母之爱的温暖，他们鼓励孩子认真地做事，而且一定要尽力做得更好。当孩子成绩不好或是有什么不良行为时，父母会很认真地和孩子探讨原因，积极地从孩子的立场出发去考虑问题，而很少给孩子施加压力。

引导与帮助孩子提高学习成绩，是家长应该承担的责任，但是不能把分数作为衡量孩子好坏的唯一标准。考试只是检验孩子某一阶段学习状况的一种手段，它不能证明孩子真正学到了多少知识，更不能完全真实地反映一个孩子的能力。用铃木镇一的话说就是："一个人关键的一点不是分数和名次，而是快乐的生活，以及得到这种快乐生活的能力。"培养孩子的求知欲以及快乐面对生活的能力，这不仅是孩子们小时候需要的，当他们长大时，也同样需要！

131

# 让孩子学会感恩

132

英国作家萨克雷说："生活就是一面镜子，你笑，它也笑；你哭，它也哭。"以感恩的目光看世界，生活也会赐你缕缕阳光；相反，一味怨天尤人，你的天空也可能阴霾密布。给孩子一颗感恩的心，对他人、对环境就会少几分抱怨和挑剔，多几分欣赏和感激。在韩国广泛流传着这样一个故事：

一位妈妈叫 6 岁的女儿每天临睡前都要回想一下自己这一天的经历，并在心中感谢三个人、三件事。一天晚上，小女孩练完琴后很久都没有上床睡觉，呆呆地坐在那里不知道在想些什么。妈妈很奇怪，走过去问她怎么了。女儿为难地告诉妈妈，今天，她谢过了为自己做饭的奶奶，为自己上课的老师，为学校打扫卫生的阿姨和老天没有下雨……可是，还有一件事需要感谢，想来想去也不知道该感谢什么了。妈妈笑着对女儿说:"傻孩子,只要是让你快乐的事,都可以感谢啊!"

女儿看着妈妈想了一会儿,脸上露出开心的笑容,对妈妈说:"我想起来了,阳台上的花开了,我要感谢它给我们家带来了香气,更要感谢养花的妈妈。"这位母亲让女儿每天临睡前都要感谢三个人、三件事,不仅是让孩子懂得感恩,更主要的是,回忆值得感恩的人和事的过程本身就是甜蜜的,会让孩子发现生活是如此的美好。懂得感恩的人是幸福的!

133

在韩国人的餐桌上,一般是爷爷、奶奶、爸爸、妈妈坐在那里,等着孩子给他们盛饭,为长辈服务的孩子们忙得兴高采烈,他们觉得这是自己应该做的。有些爷爷有饭后喝茶的习惯,妈妈倒好茶后,也会让孩子双手捧着给爷爷敬茶。韩国家长认为让孩子做这些,是为了让他们从小就知道尊敬老人,表达对长辈的感激之情,而孝道恰是维系一个社会的基础。

还有一位妈妈从女儿上幼儿园开始,就让孩子记日记,每天都把那些美好的、让自己开心、感动的事情记录下来。时间长了,孩子的日记就出现了这样一些句子:

"我的爸爸有一双勤劳的手,他每天都从早到晚辛苦地工作着。"

"妈妈每天都为我们准备可口的晚餐和操劳各种家务,她的手都累酸了……,妈妈真好!"

"今天,美术课上我忘带彩笔了,朴银贞把她的借给我,使我完成了课堂作业,我以后也要多帮助小朋友。"

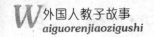

一句句简单的话，宛若散见于生活中的一颗颗美丽的珍珠，绽放着夺目的光彩。聪明的家长给了孩子一双善于发现的眼睛，让他们在日常生活中发现那些美好的闪光点，学会体味人与人之间那宝贵的真情。懂得感激别人的人，心里也是充满阳光的，他的生活一定是幸福的。

被爱心之箭射过的人，才能体会到爱的力量是多么的伟大。爱与被爱都是相互的，教孩子体味爱的过程也是教孩子学会感恩的过程，更是教孩子学会去爱别人的过程。接受别人玫瑰的人，感受到的是人与人之间爱的甜美，温润的是自己那颗尚未被忙碌的生活打磨粗糙的内心；送人玫瑰的人，心中纵有失意的乌云也终会被手上的缕缕余香驱散，不由发现：生活本是如此的美好！爱与被爱都是幸福的，其实，体验爱的过程本身已足以令人感动！

# "冷" 对孩子的牛脾气

"现在的孩子越来越难管了!"我们常听一些年轻的父母如此抱怨,"稍不如意,牛脾气就上来了,打也不听,骂也不灵,哄他吧,他更来劲!"生活中,确实有不少孩子常常会出现无理取闹的情况,凯伦夫妇最近被儿子的坏脾气折磨得头疼死了。

儿子汤姆今年才 6 岁,脾气却暴躁得厉害,稍不如意就大喊大叫。无论父母说什么,都不起作用。如果不按照他说的去做,他就会一直吵闹、哭喊、在地上打滚,手里有什么东西都会顺手扔出去。为此,凯伦夫妇想尽了各种办法,他们苦口婆心地给他讲道理、罚他站立、打他、骂他……各种方法都用上了,就是不起作用。一不顺心,汤姆还是会大发脾气。

年幼的孩子缺乏自控力,常常会陷入无理取闹、乱发脾气的状态中，想到什么就一定要马上去做，而不管这个要求是否合理。如果不能得到满足，伴随而来的就是孩子的大哭大叫和不顾一切的反抗。这几乎是所有家长都会遇到的情况。

父母最初的选择可能是耐心地向发脾气的孩子讲道理，告诉他们"不能这样"，但是通常来说都没有什么效果，孩子们哭闹如故。接下来可能就是年轻的父母失去了耐心，拍打几下孩子，换来的往往是孩子更加强烈的哭闹。于是，大人的呵斥声、孩子的哭声掺杂在一起，搅得大人疲惫、孩子委屈。

面对这种情况，美国教育家斯特娜夫人认为不妨用"停一停"的方法来转移孩子的注意力，在"停一停"这段时间内孩子可能就会淡化甚至忘掉自己的无理要求。斯特娜夫人认为"冷"处理是解决这一矛盾的有效办法，她曾举例说明自己是怎样阻止3岁的女儿维尼夫雷特哭闹的：

有一天，斯特娜夫人要带女儿出去做客，她已经帮女儿换好了衣服。可是，女儿发疯似地冲妈妈喊："我要穿那条短裙子，你给我换上。"斯特娜夫人已经向她做了充分解释，出去做客是不适合穿短裙子的。女儿就是不听，依然拼命地喊："我不管，我就是要穿。"

"维尼夫雷特，如果你再这样纠缠下去，我们就不出去了。"

"我不管，反正我就要穿那条短裙子。"小维尼夫雷特用已经哭得斯哑的嗓音喊道。

斯特娜夫人将已经打开的房门关上，冷静地说："维尼夫雷特，现在停下来。"

说着，妈妈将女儿带到她自己的房间，让她坐在床旁边的小椅子上，女儿并没有反抗，但是仍在哭叫。

"5分钟。"斯特娜夫人对女儿说。

维尼夫雷特点了点头，老老实实地坐在那里，妈妈走出了她的房间。

过了一会儿，维尼夫雷特停止了哭泣，在房中喊道："妈妈，我可以出来了吗?"

"可以了，你还想去安迪叔叔家吗?"

"想去。"女儿走到妈妈面前，将头靠在她的身上。"妈妈，我们走吧。"

斯特娜夫人在用"停一停"的方法教育女儿时，从不会让女儿感到这种方法是对她的一种惩罚。如果那样的话，女儿就会拼命地抵制，不仅不会帮助她从狂躁的情绪中解脱出来，反而会加深女儿的反抗情绪。

儿童注意力集中的时间是有限的，在"停一停"的时间内，可以使他们的心情平静下来，忘掉自己的无理要求，甚至会发现令他们高兴的玩具或游戏。所以，当孩子乱发脾气时，家长一定要保持冷静，绝不能迁就孩子的不合理要求。事后再耐心地帮助孩子分析他发脾气的原因，细心地引导、教育孩子，相信他们一定会从错误的行为中吸取教训，逐渐管住自己的牛脾气。

孩子由于年龄的原因，缺乏足够的自制力，就像一匹小马驹，套上缰绳，适当的引导可能会成为千里良驹；脱离缰绳，任其自由驰骋，不仅不利于成长，甚至是十分危险的。乱发脾气，不仅会影响自己的心情，也会给他人带来麻烦，就像西方有句谚语说的那样："幸福的人并不是能随意支配金钱的人，而是能随意支配自己的人。"身为家长，我们恨不得让孩子永远在"蜜罐"中生活，但是我们无力承诺什么，只能带着这份美好的祝福，尽力在起点帮助孩子经营幸福的人生。

# 尊重孩子的隐私胜过尊重自己

　　说到"隐私"，人们总觉得是成人的事，与孩子搭不上边。其实不然，孩子也有自尊心，随着年龄增长，他们不仅会拥有越来越多的秘密，就是对小时候的一些诸如尿床、爱哭之类的小毛病也十分敏感，他们不希望再被人提起，因为这会使他们丢面子。无论是家长还是幼儿园老师都应该学会尊重孩子的"隐私"，创造一个自由的空间，让他们健康成长。

　　尊重孩子的隐私，孩子回赠给你的可能就是那份难得的信任，遭遇风雨侵袭的日子，他会想到父母那充满爱的目光在默默地关注他，爱的双手在随时准备伸出来帮助他；而不是把自己封闭起来，在成长的十字路口上与家长越走越远。尊重孩子的隐私，其实很简单，也许一件小事就能让孩子感到父母之爱的萦绕，换来他们的信任和尊重。李顺姬的妈妈是这样做的。

小时候，李顺姬有个坏毛病，就是她每隔三五天都要尿床一次，直到八九岁的时候还是那样。这就有些不正常了，所以她每次尿床后都闷闷不乐。聪明的妈妈理解女儿的心事，她是觉得不好意思，也是担心自己的这个毛病总也改不了。妈妈在到处寻医问药的同时，常常安慰女儿："你不必为尿床的事担心，我和爸爸都知道这是生理上的毛病，医生说你慢慢就会好起来的。你也不用害羞，我们不会让别人知道这件事的。"在妈妈的劝慰下，李顺姬虽然偶而还是会因尿床的事烦恼，但她已经能把主要精力放在学习上了。

　　一次，李顺姬领一个同学到家里玩。两人聊了一阵后，那个同学无意中看到阳台的被子，又看到李顺姬的床上很凌乱，不由地问："你怎么把被子弄湿了呢？"在毫无思想准备的情况下，李顺姬满脸通红，不知该怎么回答。恰好，妈妈在门口拖地，听到她们之间的对话，就走过来说："她昨晚在床上看书，起来倒水的时候不小心把一杯水都泼到床上了，所以我今天趁着阳光充足帮她把被子晒晒。"那个同学听到妈妈的解释后也就没有再追问。

　　此后，李顺姬更加信任妈妈了，在学校里遇到什么不开心的事回家也都和妈妈说，因为她相信妈妈会理解她的。在医生的帮助下，李顺姬不再尿床了，可是她依然喜欢和妈妈谈心，因为她们曾经拥有共同的秘密。

　　李顺姬上中学后，与母亲的交流不再局限于谈吃、谈玩了，而开始谈些个人情感和对社会、人生的初步看法。母亲意识到女儿在慢慢长大，应该大胆放手，给女儿一个独立的空间，让她学会为自己做主了。于是，女儿的电话让她自己接，而很少问是谁打来的；女儿与朋友交往也不过多干涉，但不能太晚回家；还主动将女儿书桌抽屉的钥匙交给她，让她学会保守自己的秘密。母亲为了给女儿完全独立的空间，对她说："你已经长大了，自己的房间该自己收拾了吧！"

尊重孩子的隐私，从本质上说，就是尊重和保护他们的自尊心。日常生活中，大人在孩子面前的一言一行都应慎重，千万不要在信口开河中无意间揭了孩子的"短"，轻者可能伤害孩子的自尊心，重者可能在他们幼小的心灵中造成阴影。

尊重孩子的隐私，还应该给孩子一个自由的空间，允许他们有自己的小秘密。孩子们在成长的道路上并非总是踏歌而行，花季雨季的岁月中难免有许多不能说的秘密。是为孩子的抽屉加把锁还是偷偷翻开写满了心事的日记？这似乎已经成为困扰许多家长的难题。其实，孩子的隐私意识逐渐增强，说明他们在慢慢长大，家长应该用尊重和信任为孩子营造一个独立的空间，帮助他们在心理上断乳。

孩子的隐私中有成功的喜悦，也有失败的痛苦；有对理想的追求，也有对人生的困惑；有独立解决问题的经验，也有成长的烦恼。无论苦涩还是甘甜，都是他们自己在品尝；纵然有许多不该走的弯路，也会成为他们人生道路上难得的财富。毕竟，隐私也是孩子生活的一部分，没有隐私的孩子是长不大的。

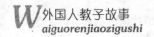
# 寓学于玩的挪威幼儿教育

在挪威，"教育应顺应天性，给儿童充分的自由"是家长、幼儿园和社会的共识。一位教师说："玩是儿童的天性，也是他们应有的权利。只有满足儿童的天性和权利，他们才能获得健康和快乐。"的确，玩是儿童体验幸福和快乐的最佳方式，是儿童健康成长的有效途径。因此，在挪威的幼儿园，玩成为孩子们一日生活的主旋律，其目的就是尽量让他们在游戏中获得知识。

孩子们来到幼儿园后，把小书包和外衣放在写有自己名字的柜子里，便可以按照个人喜好选择在室内游戏或到户外玩耍。为了满足儿童不同的兴趣需要，在一个最大的中心活动室里，设有积木区、图书区、绘画区、音乐区、活动区等。在这里，孩子们可以任意挑选自己喜欢的项目来玩，有的两个人合作搭建积木；有的几个人在一起看连环画故事；有的孩子独自绘画；还有的孩子对尝试敲击各种打击乐器十分感兴趣。一些幼儿园还专门提供了"飞机场"，男孩可以在那里扔纸飞机、互相追逐、跑闹；女孩则更喜欢在班级的小卧室里安静地玩自己喜欢的"过家家"游戏。

挪威虽然是一个富裕国家，幼儿园室外却很少有人工设施，几根木桩搭起一个秋千架，用铁链拴上汽车轮胎，就是孩子们玩的秋千；可以攀缘的小木屋、木制小滑梯等也都是由废旧物品组成，显得自然而质朴。许多幼儿园的院子里都有一个大沙堆，孩子们无论大小都喜欢在沙堆里滚打，或是用专门为儿童制作的小手推车兴致勃勃地运送沙子，推着小车跑来跑去，在忙碌的"劳动"中体验着乐趣。丰富多彩的活动，激发了孩子的兴趣，使他们的生活充满了欢声笑语。

一般在上午10点30分到11点，老师会把孩子们集中起来，告诉他们今天要做的事，然后让大家交流各自的想法。11点到12点吃饭，饭后孩子们继续出去玩。挪威幼儿教育特别主张让儿童亲近自然，享受充足的阳光和新鲜的空气。因此，无论春夏秋冬，即便是下雨或是下雪，孩子们也会穿上特制的防雨或防雪服到户外去玩，快乐地享受自然给予他们的各种礼物——阳光、雨露、寒风及瑞雪。大约一个多小时的户外活动后，孩子们可以根据需要选择午睡，或同教师一起进行比较安静的活动，如，听老师讲故事、听音乐或自己画画等。休息后，小朋友们一起享用水果和甜点。下午 3 点以后，家长们陆续把孩子接回家。孩子们一天的幼儿园生活就这样在自由玩耍中结束了。

　　表面上看，孩子们在幼儿园的主要活动就是玩，几乎很少能看到老师在前面讲课、学生们规矩地坐在教室里听课的情景，甚至有人说，挪威幼儿园以什么都不教为特色。实际上，挪威幼儿园的很多教育活动都是隐性的，寓学于玩是其主要特点。幼儿园一般按孩子年龄大小分成两个部，每个部都有一名熟悉儿童心理、专门研究过儿童教育学的老师负责，并配有两名助手。开始玩耍前，老师会把孩子集中起来，告诉他们今天有什么安排，并让他们互相交流看法，然后才开始自由活动。

　　每天上午 30 分钟左右的集体活动其实也是孩子们共同学习的时间，活动内容具有很强的灵活性，教师常根据孩子们的学习状态和兴趣需要，及时合理地安排、组织不同内容和形式的集体活动。他们认为，孩子们学习多少知识并不重要，能积极地参与集体活动、喜欢与同伴交流并从中获得快乐才是关键。

　　走出幼儿园，让孩子们接触不同的环境以增加学习兴趣，也是挪威幼儿教育的一大特色。老师经常带孩子们到大自然中去感受春夏秋冬四时的变化，聆听鸟语虫鸣以及花开的声音，鼓励孩子去和各种小生物交朋友，为他们讲述自然界的故事，回答他们千奇百怪的问题，同时培养孩子们对大自然的热爱和环保意识。老师还经常领孩子们光顾博物馆、音乐厅及剧院等地，让儿童在真实的情境下触摸艺术，激发孩子的兴趣，丰富他们的艺术体验。

"孩子们在玩中学到了各方面的知识。"挪威从事幼儿教育的老师说，"他们亲近了明媚的阳光和清新的空气，感受到大自然的美好，明白了与伙伴交流合作的重要性……而且，在游戏中，我们也会教一些文化知识和文明礼貌行为方式，只是不会刻意去教……"

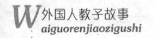
# 只给孩子一半的爱

初看这个题目，许多人可能会大吃一惊，难道父母对孩子的爱也要计量吗？为什么只给孩子一半的爱，另一半还要保留起来呢？相信读完下面的故事，你可能会有所感悟，明白只有会爱孩子，才能帮助他们鼓起人生的风帆，破浪远航。

世界传媒大亨默多克出生时，他的父亲已经是一位很有成就的报业人士，家境非常富裕。对于这唯一的儿子，父亲非常喜欢甚至有点儿溺爱他，母亲却觉得一味溺爱对孩子成长不利，便决定在孩子教育方面扮演一个严厉的角色。

默多克几岁的时候，母亲便让人专门为他在花园里盖了一间小木屋，让他一个人住在那里，只有在寒冷的冬天，才可以回到大房子和父母、姐妹住在一起。开始时，小默多克非常害怕独自在小木屋居住。然而，每天全家吃完晚饭、读书看报以后，母亲都会硬起心肠要求他回到自己的小木屋里去睡觉。渐渐地，默多克不再害怕黑暗，并开始喜欢上小木屋了。

父亲不忍儿子受苦，曾经提议让他搬回大屋。母亲却坚决地说："我认为在外面睡觉是对儿子的锻炼，他不仅要适应自然界的黑暗，还要学会独处，这会让他变得更勇敢。"就这样，默多克在小木屋一住就是几年。

10岁时，默多克被母亲送到寄宿学校去学习。起初父亲反对这个安排，认为孩子还小，无法照顾自己。但母亲毫不让步，她坚持："寄宿学校的生活能教会儿子如何与他人相处，这对孩子成长是有益的。"事实证明，母亲的决定是正确的，默多克在寄宿学校不仅学到了丰富的知识，而且锻炼了独立生活的能力。

默多克的母亲不仅重视学校教育，还严格执行家庭教育，努力培养孩子们的良好品格。她要求他们从身边的每件小事做起，养成良好的生活习惯。她经常带孩子们整修花园，打扫房间，喂养家禽。在这个过程中，孩子们品尝到劳动的喜悦。她培养孩子们形成良好的价值观和责任感，让他们知道世界上没有免费的午餐，财富要靠辛勤劳动来创造。"在那些日子里，孩子们可能都认为我是一个旧式的、残忍的母亲。"默多克的母亲自豪地说，"但我认为他们现在能真正体会到那样做的好处。"

母亲以看似不尽人情的爱，伴随着默多克成长，使他在人生道路上，一步一个脚印，欣赏过彩霞满天、夕阳酡颜，也感受过风雨交加、草木零落，或得意，或失意，他都在踏踏实实地走着。母亲那爱而不溺的爱，为儿子带来终生受益的精神财富，帮助他塑造严正的自我，为他日后在事业上走向成功奠定了坚实的基础。

只给孩子一半的爱，说来简单，做到却难，这需要硬起心肠面对孩子一时的软弱。家住美国新泽西州的罗德先生有一辆豪华车，每逢节假日，他都要带着全家人出去游玩，10岁的儿子汤姆最高兴的事就是坐在驾驶座旁欣赏道路两旁的风景。罗德每天上班却都是一个人驾车独往，绝不让儿子顺道搭车。

一天，汤姆感冒了，身体很不舒服，他央求爸爸送他一程。"不行！"罗德斩钉截铁地说。"可是，爸爸，我实在走不动了。"汤姆哀求道。"爸爸小时候也是每天自己走路上学的。"罗德说完便独自驾车扬长而去。汤姆默默流着泪，背着书包慢慢地向学校走去。当他快到学校门口时，发现爸爸正站在那里等他。罗德一边掏出手帕为儿子擦去脸上的泪水，一边说："孩子，别怪爸爸狠心，你现在是学生，不能坐车上学，有点儿小病也要尽力克服。只有严格要求自己的人，才能把事情做好。这一点，你会慢慢明白的。"汤姆似懂非懂地点点头，在爸爸关爱的目光中，坚强地向教室走去。

孩子啊，刚开始上路时，你可能会带着几许无奈，几许不知所措。然而，你可知道你幼小的身影伴随着父母多少爱的牵挂！道路尽管有些艰难，你却从未曾有片刻离开父母爱的目光；脚步尽管有些沉重，却是每一步都踏在父母的心上！

父母可以大胆地放手，让孩子独自在成长的道路上经历风雨，却很难放弃对孩子爱的牵挂。孩子跌倒了自己爬起来，可能很快就忘掉曾经的伤痛，留给父母的却是无尽的痛。只给孩子一半的爱，是一种更为艰难的爱，也是一种更为负责的爱。这种爱是父母用"狠心"换来的小树长成后凌霜傲雪的峭拔，这种爱培养出来的是展翅高飞的雄鹰！

# 不可过多地夸奖孩子

中国古语有云："月盈则亏，水满则溢。"做人同样如此。过多地夸奖会使孩子产生骄傲自满的情绪，甚至目空一切，不把任何人放在眼里，这对于孩子的成长是极为不利的。骄傲自大可能会毁掉一个很有希望的孩子。

世界著名教育家老卡尔·威特在教育自己的儿子时，就非常注意表扬的方式。对于儿子的善行，他会加以鼓励，但绝不会过分表扬，为的是防止小威特狂妄自大。

在儿子长大一些后，老威特就谆谆告诫他："被人中伤而悲观的人固然愚蠢，稍受表扬就忘乎所以的人更是愚蠢的。"为此，他还举了一个早慧的孩子莱恩的例子来教育儿子。

莱恩在两岁的时候就表现出超人的天赋，他在音乐方面很有才能。莱恩的父母为此专门请了家庭教师，试图在音乐方面让他受到最好的教育。莱恩确实非常聪明，老师教的知识他都能很快学会。四五岁的时候，他不仅掌握了基本的乐理知识，而且会演奏多种乐器。他的钢琴和小提琴演奏非常出色，成功地举办了个人音乐会。

人们都说他是一个音乐神童，是个伟大的天才。莱恩的父母更是把他当成宝贝，生活的全部重心都转移到他身上。他们逢人就夸奖自己的孩子，甚至说莱恩的音乐水平已经远远超过了他的老师和其他同时代的音乐家，他们说莱恩注定会成为巴赫那样的音乐大师！

莱恩被这些过多的赞誉蒙蔽了，陶醉在沾沾自喜之中。一天，老师说他在音乐表现方面还存在着很大不足。虽然他的技巧已经相当不错了，但音乐本身的魅力在于内涵而不单单是技巧。

莱恩被激怒了，恶狠狠地对老师说："你以为我只会技巧吗？那些音乐的内涵我早已清清楚楚。"

老师说："但我明明发现你存在这些不足呀！"

莱恩说："那不是缺点，是我故意这样演奏的，我就是这样理解那首曲子的。"

老师为了让莱恩明白一些音乐表现方面的东西，开始给他做示范。碰巧老师在演奏的过程中犯了一个小小的错误，这样就被莱恩抓了个正着。"哈，您都弹错了。我亲爱的老师，就您这样的水平还能够教我吗？"他的语气中带着极大的嘲笑。

老师气愤极了，尽管他认为莱恩是个有才华的孩子，还是马上辞去了这份工作。莱恩的父母再三请他原谅孩子的做法，并竭力挽留他，他仍然头也不回地离开了。

自从老师走后，莱恩越来越得意。他自认为是天才，胡乱地改动音乐大师的作品，并经常说那些作品不过如此。他拒绝父母再给他请老师，说那些老师都是不中用的人，根本不配来教他这样一位百年难遇的才子。

多年以后，卡尔·威特听说，莱恩变成了一个酒鬼，他愤世嫉俗，抱怨人们不理解他这样的天才。

卡尔·威特很清楚对于孩子来说，过多地夸奖意味着什么，所以，他在儿子成长的过程中，不仅自己不过多地表扬他，也坚决谢绝别人这样做。

一天，老威特带着儿子到一个朋友家参加聚会。此时，小威特的超常智力已经被广为传诵，一位擅长数学的客人抱着怀疑的态度想考考他。老威特答应了，但他要求那位客人不管小威特答得怎样，都不能过多地夸奖他。

那位客人一连给小威特出了三道数学题，每一道题小威特都能用两种以上不同的方法去解答。他的聪明令客人感到诧异。客人开始不由自主地赞扬小威特，老威特赶紧转移话题，这时，客人才想起两人的约定。

客人非常兴奋，又拿出更难的题来考小威特："你再看这道题，它是一位著名数学家考虑了三天才好不容易做出来的。

如果你能做出来，那就更了不起了。"

可是，没过半小时，就听小威特喊道："做出来了。"

"不可能。"客人边说边走过去看。

摆在眼前的事实让客人赞不绝口："真是天才，你已经胜过大数学家了！"老威特急忙接过话说："您过奖了，由于这半年他在学校里听数学课，所以对数学很有心得。"客人这才领会老威特的意图，点着头说："是的，是的。"

老卡尔·威特并不是过于古板，也不是对孩子太严苛，事实上他是非常赞同赏识教育的。只不过他认为，不能过多地夸奖孩子。因为过多赞美的话语会使孩子产生骄傲自大的心理，认为自己比任何人都出色；也可能给孩子造成不必要的压力，使他们做事前首先考虑的是如果做不好得不到大家的夸奖怎么办。对此，老卡尔·威特给天下父母的忠告是：我们不能让孩子成长的环境缺少赏识的阳光，但也不能让孩子整天泡在赞美的话语中，夸奖一定要适可而止。

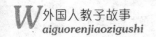
# 告诉孩子爱的起点和终点

爱情，是文学殿堂中一个永恒的话题，更是人类一个厚重而神圣的话题。早恋，这枚有酸有甜的青涩果子，提起来却总是让人隐隐带着些许不安，甚至让个别家长、老师谈虎色变。在高科技飞速发展的现代社会，电视、电影、网络等视觉媒体悄悄侵袭未成年人世界的同时，早恋之花竟是越开越早，甚至在家长还没有准备的时候，孩子已经无师自通地用上"喜欢"、"失恋"之类的词了。面对这种情况，措手不及的家长究竟该如何对孩子进行"爱的教育"？

首先，我们应该认识到，对于青春期的孩子来说，渴望与异性交往，喜欢上一个异性同学，是其身心健康发展的重要标志。如果没有这种心理需要，反而要打个问号了。所以，老师、家长不应该疾言厉色地呵斥孩子，更不应该不顾一切地扼杀孩子的这种正常情感。如果采用不恰当的手段在他们心里投下阴影，可能会影响孩子一辈子。

其次，要对孩子进行正确人生观的引导，让孩子明白，爱是人生的主要部分，但不是全部。带露朝花固然美丽，若没有适宜的土壤，即使将全部精力用于培育这朵早熟的花，恐怕也难以结出丰硕的果实。爱，意味着对异性的尊重和呵护，真正喜欢一个人，不如带着美好的愿望，刻苦学习本领，让自己早日承担起这项神圣的责任。一位德国母亲就是这样教导自己的儿子的：

一个9岁的中国女孩转学到德国一所小学，由于是第一位出现的黄皮肤、黑头发的女孩，在班上引起了不小的轰动，结果不到一个学期，就有一位德国男孩宣称爱上了她。

中国女孩刚随父母到德国定居不久，还带有东方人所固有的含蓄、羞涩；德国男孩却大方地找一切机会与她接触。一天，女孩生病了，没去上学。男孩居然在班级里大哭起来，说是看不到这个女孩，他就不能继续上课，他要回家。

对此，老师既没有批评他，也没有阻拦他。

到了家里，男孩哭着对母亲说，他要和一个中国女孩结婚。

母亲笑了，蹲下来，摸着自己孩子的头说："那很好啊，但是结婚要有礼服、婚纱、戒指，还要有自己的房子、花园、汽车，这要花很多很多的钱。而且，爱一个人，就要对她负责任，让她生活得更幸福。这些你能做到吗，孩子？"

男孩不说话了，沉思好久，说："我现在什么都没有，我得努力学习，将来才有可能得到这一切。"他擦干眼泪，回到学校继续上课。从此，男孩学习十分用功。

在那像雨像风的季节里，年少时的心事总有些朦胧难懂，带着情窦初开的羞涩喜欢上一个人，渴望和她在一起，也是很正常的事。父母应该学会呵护这份少年情怀，和孩子共同解决成长的烦恼，引导他们将爱的修炼进行到底。带着年少时的梦上路，孩子也许拥有的是一份克服困难的勇气与承担，一份努力提升自我的大气与坚强！

# 让孩子成为有爱心的人

在澳大利亚，一个四口之家——爸爸、妈妈带着 10 岁的儿子托尼和 4 岁的女儿萨拉到假日森林去度假。孩子们在森林里聆听着欢快的鸟语虫鸣，阳光将斑驳的树影投在地上，林中旷地处盛开的铃兰花散发出阵阵幽香，到处都是一派生机勃勃的景象。

全家人正坐在灌木丛附近，欣赏着林中的美景，突然雷声大作，飘下几滴雨点，接着暴雨如注。托尼拿出自己的雨衣给妈妈，似乎他并不怕淋雨，妈妈又把雨衣给了萨拉，似乎她也不怕淋雨。

萨拉问道："妈妈，托尼把自己的雨衣给了你，你又把雨衣给我穿上，你们为什么这样做呢？"

"每个人都应该保护更弱小的人！"妈妈回答。

"那么，我为什么保护不了别人呢？"萨拉问，"就是说，我是最弱小的人？"

"要是你谁也保护不了，那你就是最弱小的人！"妈妈笑着回答。

萨拉为难地环顾四周，想了想，朝附近的菊花丛走去。遭受暴雨袭击的菊花是如此的娇弱无力，它们低垂着头，花瓣已散落了一地。萨拉轻轻地托起雨衣，把它盖在花丛上。

"现在我也能保护别人了，妈妈！"萨拉跑回来，自豪地说。

"是的，你是一个有爱心的孩子！"妈妈高兴地说。

付出爱心其实很容易，可能就是一句简单的话，一个真诚的微笑，一个不经意间的举动……它却可能驱散失意的乌云，融化淡漠的冰雪，浇灌人世间最美丽的花。心里有爱的人是幸福的，付出的同时感受到的是世界的美好；没有爱心的人是可怜的，他只能永远生活在贫瘠的情感沙漠！

美国著名教育家斯特娜夫人在女儿很小的时候就告诉她，我们生活在一个和谐的世界中，不仅要对所有的人而且要对所有的生物都有爱心。一个没有爱心的人，在容纳不下别人的时候，失去的将是整个世界。斯特娜夫人在教育孩子要有爱心时，提到了发生在女儿维尼夫雷特身上的一件事：

一天，斯特娜夫人下班回家，刚到家门口就看见维尼夫雷特和邻居的孩子吉姆正在用石块打一只从门前跑过的小狗，被打中的狗发出凄惨的叫声。她急忙走过去制止两个孩子。"你们为什么要打那只狗？"

"它太难看了，一点儿也不招人喜欢……"吉姆说道。

"我害怕它咬我，所以想把它打跑……"维尼夫雷特指着小狗逃跑的方向说，"我想它再也不敢来啦！"

"那只狗咬你了吗？"斯特娜夫人问女儿。

"没有，我只是担心它会……它从院子外面经过的时候看了我一眼……"女儿说道。

"它还在院子外面，并没有进来，怎么会咬到你呢？那只狗那么小，躲避你们还来不及呢，怎么敢过来咬你？"斯特娜夫人说。

"可是，它太难看了……"吉姆低声说。

"我看你才难看呢，你看你满脸都是泥，衣服也弄得那么脏。"听了斯特娜夫人的话，吉姆看了看自己身上的衣服，难为情地笑了。

斯特娜夫人继续说道："吉姆，那只狗无家可归，所以才很脏，你不但不帮助它，还欺负它，不觉得害羞吗？还有你，维尼夫雷特，你那样打它，它不咬你才怪呢。你想想，如果有人欺负你，你会怎样？"这番话说得两个孩子哑口无言，都不好意思地低下了头。自从那次事件以后，维尼夫雷特再也没有欺负过弱小动物，而且她连小草小花都不会任意践踏，她说："它们都是有生命的，都需要别人的爱护。"

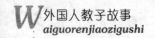
拥有爱是一种被动的获得，拥有爱心则是一种主动的付出。显然，与是否被爱相比，有无爱心是更重要的。没有爱的人是孤独的人，没有爱心的人则是冷漠的人。孤独的人只要有爱心，他仍然有缘享受尘世的幸福。恰如英国浪漫主义诗人雪莱所说，当一个人的爱心在不被理解的人群中无可寄托时，便会投向花朵、小草、河流和天空，并因此而感到情感的丰盈、心灵的愉悦。然而，如果一个人没有爱心，无论他拥有多少财富，荒凉的情感沙漠都不可能温润他那颗冷漠的心，他的人生是苍白的，永远都不可能品味到真正的幸福。

# 打翻的牛奶并不可怕

　　国外有句谚语："不要对着洒了的牛奶哭泣。"意思是说，当错误发生时，与其悔恨，不如寻找解决问题的办法。面对孩子的错误，美国父母更倾向于帮助孩子找出错误的原因并学会如何改正它们，而很少去批评孩子。他们认为错误并不可怕，永远没有改正错误的机会才真正可怕。

　　著名科学家史蒂芬·葛雷在接受记者采访时，曾经回忆自己小时候的一件事。一次，他想趁着妈妈不在身边的时候，自己动手从冰箱里拿出一瓶牛奶。可是瓶子太大太滑了，他没有抓住，以致掉在地上，摔得"粉身碎骨"，牛奶也溅得满地都是，地面就像一片牛奶的海洋！

　　妈妈闻声急忙跑到厨房来，面对满地的狼藉，她并没有教训或惩罚儿子，而是夸张地说："哇，我还从来没有见过如此

壮观的牛奶海洋呢！难道是有头奶牛来到我们家，挤完奶就跑掉了吗？"

"很糟糕，妈妈，牛奶已经不能喝了！我拿不住它，所以……牛奶瓶就摔碎了。"小葛雷有些伤心，但并不害怕，因为妈妈从来不会因为这类事而责骂他。

"既然损失已经造成了，那么在我们把它打扫干净之前，你想不想在牛奶中玩几分钟呢？"

听妈妈这么一说，葛雷真是高兴极了，立即抬脚在牛奶中踩了起来。几分钟后，妈妈对他说："葛雷，你要知道，今后无论什么情况，当你制造了像今天这样又脏又乱的场面时，你一定要把它打扫干净，并且要把每件东西都按原样放好，懂了吗？"

葛雷看着妈妈，似懂非懂地点点头。"啊，亲爱的，你和我一起把它打扫干净，好吗？我们可以选择用海绵、毛巾或是拖把来打扫，你想用哪一种呢？"他选择了海绵。很快，葛雷和妈妈一起将那满地的牛奶清理干净了。

这时，妈妈又说："葛雷，刚才你所做的自己动手拿大牛奶瓶的实验已经失败了。接下来，我想，我们得认真学习一下怎样'制服'它们！"

看着儿子充满好奇与渴望的眼神，妈妈继续说："那好，我们把瓶子装满水，看看你有没有办法把它拿起来而不让它掉下去？"

在妈妈的耐心指导下，小葛雷很快就学会了，他发现只要用双手抓住瓶子顶部、靠近瓶嘴边缘的地方，瓶子就不会从他的手中滑掉。他高兴地对妈妈说："真是棒极了，谢谢妈妈！"

说完上面的故事，那位著名的科学家继续说："从那时起，我知道我不必再害怕犯任何错误，因为错误往往是学习新知识的良机。科学实验也是这样，即使实验失败了，我们还是可以从中学到很多有价值的东西。"

打翻的牛奶并不可怕，可怕的是父母因此类小事而刺伤孩子做事的信心，抑或扼杀他们从此自己动手的愿望。责骂或是惩罚只会给孩子幼小的心灵造成阴影，束缚住他们本应越来越灵活的手脚，甚至还会犯更大的错误。

不仅是孩子，就是成人，在生活的每一天，也都可能要经受"打翻牛奶"的考验，只是程度轻重的区别而已。身为家长，我们不仅要给孩子犯错误的机会，更要帮助他们在成长的过程中积累经验，以免再犯类似错误，就像有首歌唱的那样："暖我是爱，还我勇气。走出逆境靠自己。人生苦短要努力，不怕那几次三番从头做起……"

163

# 在厨房中获得成长智慧

　　锅碗瓢盆演奏着一曲曲悦耳的交响乐，炉上的火苗跳着欢快的华尔兹，空气中仿佛也跳动着一个个快乐的音符，这一幕是在日本烹饪学校常见的场景，而如此华美乐章的演奏者却是一个个只有几岁的孩子。他们正在热火朝天地学习做饭烧菜，家长在一旁观看。做好后，一盘盘端上桌，大家试吃。有的父母说，"好吃"；有的父母则扮个鬼脸说，"太咸了"。无论是褒是贬，家长都沉浸在品尝孩子们动手做的饭菜的喜悦中。

　　说来也许会让你惊异，近年来日本儿童最热门的游戏场所是厨房，书店热销的儿童书籍是料理食谱类，百货公司家电部门当红的是儿童专用厨具，电视台最叫座的节目是 NHK 的"儿童烹饪"，家庭最时髦的休闲活动则是"厨房育儿"。

　　日本父母认为，"做家务事"是每个人最低限度的生活能力，也是增进家庭生活情趣、培养孩子与人合作能力的基础。正是带着这种价值观，他们大胆地让儿童走进了厨房。一位名叫惠子的母亲说，让孩子洗碗，也是变相地允许他玩水。有时，孩子故意拖拖拉拉，因为水实在太好玩了，他甚至弄得满身都是。玩够了，母子俩一起去泡澡，这不就是最好的亲子游戏吗？

惠子还讲述了儿子一郎学做菜时的一件趣事。那时，一郎三岁，根本够不到砧板，向妈妈求教。妈妈让他自己想办法。他转来转去，发现了小椅子，立即搬过来，再爬到椅子上，正好可以够到砧板了。可是，站在椅子上毕竟不太稳固，他干脆把砧板搬到地上，跪下来切食物……

"那么小的孩子，就接触刀和火，不怕他们有危险吗？"

"不会的，"惠子说，"在烹饪前，家长都会将食物的营养、厨具的使用方法向孩子做一番详细说明，尤其是菜刀和火的危险性。而且，有大人在旁边照顾，就算有危险，也等于是让他们对生活多了一番体验。"

学习烹饪，其实也是孩子们为自己提供的一道丰盛的成长大餐。在学习烹饪的过程中，他们了解到各种食物的属性，尝到了酸甜苦辣，见识了赤橙黄绿，有利于通过强化味觉、视觉、嗅觉等感官的功能来建构自己对世界的感知；他们在厨房中学会了保护自己，明白什么是危险，积累了生活经验；还通过动手接触某些动植物，进一步了解了有关它们的知识……

　　"更为重要的是，"惠子故意停顿了一下说，"烹饪培养了孩子吃苦、做事细心和追求完美的精神。"

　　这话就有些令人费解了。哦，原来在炎热的夏天，气温本来已经很高了，别说是孩子，就是对大人来说，面对炉火也是一种考验，这有利于培养孩子吃苦耐劳的精神；烹饪一道菜，要选料、洗涤、切煮、下调料、看火候等等，工序繁杂，如果不细心处理，是无法做出美味佳肴的；菜做好后，还希望能刺激家人的食欲。为了得到好的评价，孩子们会精益求精，反复尝试，一定要达到色香味俱全……

　　学习做菜的过程其实也是在学习做人，做人要能吃苦、做事要细心并力求完美，这也是孩子们在厨房中感悟到的成长智慧。"给孩子布置家务是让他们建立自我价值感和相信自己能力的一种最好的方式。习惯于承担家务的孩子，在走向成年的过程中，往往比那些缺乏类似体验和责任感的孩子更容易适应生活。"难怪家庭教育专家伊丽莎白·邦得如是说呢！

# 让诚信成为孩子一生的财富

"在这个社会上，也许我很难证明自己是个诚实的人；但是，你们应该相信，这个世界还有诚实，它永远都在我们的周围。"这是墨西哥总统福克斯受邀到一所大学演讲，回答学生提问时说的话。他还讲了这样一个故事：

一位农场主准备拆掉花园中一座破旧的亭子，他的儿子对这件事很感兴趣，于是对父亲说："爸爸，我想看看你们是怎样拆掉亭子的，等我从寄宿学校放假回来再拆，好吗？"

父亲答应了。可是，他并没有把儿子的话放在心上，等儿子走后，工人很快把亭子拆掉了。

儿子放假回家后，发现旧亭子不见了，非常失望地对父亲说："爸爸，您对我失信了。"父亲惊异地看着儿子，儿子继续说："您说过的，那座旧亭子要等我回来再拆。"父亲说：

"儿子，爸爸错了，我应该信守自己的诺言。"

于是，父亲找来工人，让他们在原来的地方按照旧亭子的模样重新搭建一座亭子。亭子造好后，父亲把儿子叫来，然后对工人说："现在，请你们把它拆掉吧。"

这位父亲并不富有，可是为了实现自己的承诺，他不惜花费钱财，将一座亭子拆掉两次；故事中的孩子是幸运的，因为他有一位用实际行动教育他要诚实守信的父亲。父亲重新拆掉的是一座亭子，在孩子心中搭建的却是一座永远也不会坍塌的大厦——关于诚信的大厦。

故事中的孩子就是福克斯，父亲在他幼小的心灵中投下了一颗诚信的种子，也为他留下了一笔终生受益的财富。在诚信之光的烛照下，他从一名普通的推销员成为一个国家的总统，并以诚实守信的品德受到国人的尊重。可以说，诚信成就了福克斯一生的事业。

诚信是做人的根本，很难想象用谎言填充的生命会开出灿烂的花朵。父母都希望孩子能拥有最甜美的果实，他们爱孩子的心是一样的，只不过对孩子进行诚信教育的方式会因事而异。一天早晨，迈克正准备上学，妈妈问他是否带上准备借给同学的卡通画册了。迈克说："我不想借给他看了，万一他弄坏了怎么办？"妈妈说："可是，你昨天已经答应借给同学画册了，他可能正热切盼望能看到那画册。假如你怕弄坏而失信于这位同学，他一定会对你很失望，甚至从此失去对你的信任，你们的关系就会疏远。以后可能别人还会向你借东西，难道你就这样一次次失信于人吗?"迈克低下头，不说话，妈妈继续说道："换个角度，要是那位同学答应你说今天带一本你最想看的书，却没有带来，你会怎么想，又是什么样的心情呢?"迈克想了想，对妈妈说："我明白了，这就把画册带上，而且我今后答应别人的事一定要做到!"

诚信是人的一生中不可或缺的无形资产。拥有诚信的人，才能够立足于社会，得到别人的尊重和信任，才能够获得真诚的友谊，在他人的支持和帮助下，扬起理想的风帆，到达现实的彼岸。知识是财富，诚信也是财富，拥有知识能够让我们的人生更加充实，拥有诚信却可以使世界更加美好!

# 跟上时间的脚步

　　美国著名学者伯纳德·伯伦森过 90 岁生日时，有人问他最怜惜什么，他说："我最怜惜的是时间，我愿意站在街角，手中拿着帽子，乞求过往行人把他们不用的时间扔在里面。"我们拥有的可能只是平淡的一生，但是绝对不能让"没有时间"成为无所作为的借口，而与平庸相伴一生。当珍惜时间成为一种习惯，梦想就会慢慢接近现实。

　　美国近代诗人、小说家和出色的钢琴家爱尔斯金在诸多领域都取得了优异成绩，他并非天才，也曾哀叹时间流逝得太快，但他还是跟上了时间的脚步，用辛勤的汗水浇灌出绚烂的人生之花。当然，成绩的取得与小时候老师卡尔·华尔德对他的教诲是分不开的。

　　一天，卡尔给爱尔斯金上课时，忽然问他："你每天总共要练习多长时间钢琴？"

"大约三四个小时吧。"

"每次练习的时间都很长，对吗？"

"我想是这样，每次差不多一个小时，至少也是半个小时以上。我觉得这样才好。"

"不，不要这样！"卡尔说，"你将来长大以后，可能每天不会有很长的空闲时间。你应该养成一种用极少时间练习的习惯，一有空闲就几分钟几分钟地练习。比如，在你上学之前，或在午饭之后，或在工作的休息时间，哪怕5分钟也去练习一下。把短时间的练习分散在一天里，如此，弹钢琴就成为日常生活中的一部分了。"

当时，卡尔说这话的时候，爱尔斯金只有14岁，他听从了卡尔的忠告，让一个个闪光的5分钟成就了自己丰富多彩的一生。

当爱尔斯金在哥伦比亚大学任教时，他想兼职从事创作。可是，上课、阅卷、交际等事情占据了他的大部分时间。差不多有两年时间，他一个字都没有写，深深为"没有时间"而苦恼着。

有一天弹钢琴的时候，爱尔斯金忽然想起了卡尔·华尔德先生告诉自己的话，于是他重新开始"短时间练习法"。只要有5分钟左右的空闲，他就坐下来写作，哪怕是仅写短短的几行。出乎意料的是，在那个学期结束时，爱尔斯金竟写出了厚厚一摞手稿。

时光就这样一点一滴地流淌着，爱尔斯金的授课工作仍然很繁重。可是，有一天，他蓦然发现，每天无数个几分钟的时间，足够供他在创作和弹钢琴这两项领域辛勤耕耘，而且最后都取得了丰硕的成果。

人的一生，有太多的事要做，如果我们总想利用完整的时间去做每一件事，可能会失去做许多事的机会，甚至可能与成功擦肩而过。时间就像沙漏里的沙，不知不觉中已经轻轻流过，只有当你一粒一粒撷取的时候，日子久了，才会感觉到它的重量，才会发现每粒沙里都有一个晶莹的世界。一粒一粒沙累积起来，演绎的竟是一个如此多彩的人生。

172

时间最不偏心，每个人的一生都是由无数个一分钟组成的。勤奋者看到的是这一分钟还包含 60 秒钟，我们要抓紧秒针的手，迈出轻盈的脚步，走出一个个精彩的瞬间；懒惰者则觉得一分钟与一小时、一天乃至一年相比太微不足道了，在人生的长河中，根本不必在意这微小的一分钟，于是，任时光飞逝，携走了岁月，催老了人生。与其暮年回首再感叹年华已逝，不如把握每一个瞬间，去润饰更加美好的明天。

# 让竞争成为一种习惯

周末，钱德勒一家惬意地享受着自己的休闲时光。这时，一个中国朋友从北京邮来的包裹到了。打开一看，原来是一只瘦型的北京沙燕风筝，只见它神态俏丽，彩绘精致，大块面的白色胸脯和头、翅、尾诸部黑色描绘，使那只沙燕看起来栩栩如生。上面还点缀着牡丹、蝙蝠等吉祥图案，颇有中国风情。

这只精美的风筝立刻吸引了钱德勒家三个小家伙——珍妮、罗里和菲比的注意。他们只是在唐人街看到过类似物品，还从没玩过呢！

"太美了！"罗里高兴地叫了起来。

"这一定是敦煌壁画上的图案！"珍妮很肯定地说，她曾经在电视上见过敦煌壁画。

"妈妈，我能先玩这只漂亮的风筝吗？"小菲比直接表达了自己的想法。

妈妈笑了，"孩子们，你们同意让小妹妹先玩吗？"

"不，这不公平！"珍妮和罗里不约而同地说。

妈妈环顾了一下四周，说道："那么，我们来进行一次公平的比赛吧！孩子们，看到桌子旁边的那三把椅子了吧，它们有些脏，你们三个每人一把，负责把它擦干净，谁擦得又快又好，谁就有权先玩那只风筝，限期为 10 分钟。你们同意吗？"

"同意。"三个小家伙异口同声地回答。

"好，孩子们，你们赶紧去找工具，5 分钟后我数一、二、三，你们就可以正式开始了。"

三个孩子立即分头去找抹布和水桶，动作非常熟练，看来不是第一次进行这类比赛了。哦，上帝！珍妮 8 岁，罗里 6 岁，菲比只有 4 岁，对于小孩子来说，年龄相差两三岁，能力就有很大差别呢！让这三个孩子在一起比赛是否有失公平？可不可以给小菲比一些特殊照顾呢？

"不，"那位妈妈严肃地说，"美国社会是一个自由竞争的社会，不分年龄，不分种族，不分男女老幼，也不分资历。谁强，谁就可以出人头地；谁弱，谁就掉下去。同时，它也会促使弱者自觉地变强，强者则更加力争上游。珍妮、罗里、菲比都有先玩漂亮风筝的平等权利，他们走上社会以后也要平等地和他人进行竞争，绝不会因为年龄、力量的原因而被人相让，所以，我认为让他们竞争是很公平的！"

三个小家伙已经热火朝天地忙碌起来。当然，小菲比什么也不会做，她不光将自己的水洒到了地上，还差点儿将别人的水也弄洒了。母亲只是在一边饶有兴趣地看着。几分钟后，罗里放下抹布，兴奋地喊道："妈妈，我已经擦干净了！我是第一个，我赢了！"

"好，宝贝儿，我现在就去检查！"妈妈来到罗里负责的那把椅子前，用干净的白纸巾仔细地在椅子上这擦擦，那抹抹，当她发现纸巾依然是白的后，用赞赏的语气说："亲爱的罗里，你真是太棒了！现在，你是风筝的第一任主人了！珍妮和菲比，你们俩同意吗？"

"同意！"珍妮和菲比回答得非常爽快，不过看起来还是有点儿沮丧。

罗里赢了风筝，心情好极了，说声："谢谢妈妈！"朝珍妮和菲比做了个鬼脸，就抱着风筝高兴地跑了。"祝你玩得愉快，罗里！"妈妈也高兴地冲着那个跑远的小家伙喊道。

"珍妮和菲比，你们有些失望，是吗？"妈妈又问输了的两个孩子。

"是的，妈妈。但这只能怪我没有罗里手脚快，下次比赛我一定会超过他的。"珍妮坦率地说。

妈妈看着珍妮，真诚地说："妈妈相信你，下次一定会超过罗里的！"她又蹲下来，看着菲比说："宝贝儿，你呢？"

小菲比奶声奶气地说："我也会天天擦椅子，超过罗里！"

175

"哈哈哈……"一家人都笑了起来，妈妈笑得格外开心。

高速发展的现代社会也是一个竞争激烈的社会，激流勇进的永远都是那些能够适应时代发展的弄潮儿，跟不上时代发展的人恐怕就要陷于生存的漩涡，在徒唤奈何的感叹中消磨意志，虚度光阴。

孩子一旦走上社会，离开他们所熟悉的家庭和学校环境，往往会有无所适从的感觉。家长应该从小培养孩子积极进取的心态，鼓励他们勇于竞争，让孩子明白天下没有免费的午餐，付出才会有所回报，一定要努力比别人做得更好！

一位哲人说："无论做什么事，你的态度决定你的高度。"让竞争成为一种习惯，才有可能坦然面对竞争所带来的压力，于大浪淘沙处携得一份淡泊与从容，于拼搏进取中踏歌而行，展现最好的自我！

# 让自信激励孩子成长

一位教育专家说："自信心对一个人的发展所起的作用，无论是智力上还是体力上或是为人处世上，都起着基础性的作用。父母在教育孩子的过程中，不仅要对孩子有信心，还要注意培养孩子的自信心。" 只有自信的人才能告别平庸，在竞争激烈的现代社会中求得一份积极与主动，于风急浪紧处激流勇进，领略成功的喜悦。激发孩子的自信，让他们抬起头来走路，在阳光下大声说："我能行！""我一定会做得更好！"可谓教育的重中之重。

朴银贞今年 7 岁，上小学二年级。在学校里，她遵守纪律，很少惹老师生气。在课堂上她认真听讲，只是很少主动举手发言，偶尔被提问还常常脸红；在课间她也很少和同学们一起玩。银贞安静得宛如一朵在墙角默默开放的小花，似乎只有在点名的时候才能让老师和同学感觉到她的存在。

在家里，银贞更是个"听话"的孩子，做事之前都要先请教父母，否则就怕自己做不好，连做家庭作业都是这样。数学不懂问爸爸，作文不会问妈妈，每天做完作业还要父母检查。如果碰巧父母不在家，银贞也要等他们回来，说是没有他们的指导怕出错。孩子太"听话"了，父母觉得这也是个问题，长此以往，不利于孩子个性的发展，也不利于帮助孩子树立自信心。

如何帮助孩子树立自信心，这个问题一直困扰着银贞的父母。后来，他们发现女儿对美术课很感兴趣，回家后总是把自己的画拿给大家看，有时还描述一番自己作画的过程。于是，妈妈对银贞说："我们一点儿也不懂画画，想从头开始学习，你做我们的老师，好吗？"家人懂得妈妈的意思，都鼓掌欢迎，说自己非常想学习绘画。银贞看到大家的态度，欣然同意了。妈妈又说："当老师责任很重，你要把老师在课堂上讲的内容尽力向我们描述清楚，帮助我们掌握绘画的入门知识。"银贞使劲地点点头。

从此，银贞对美术课更感兴趣了，她认真听讲，用心思考如何把老师讲课的内容向家人表述清楚。"学生"学得也非常认真，时常向"老师"提各种各样的问题，变相帮助她提高表达能力。不久，妈妈又对女儿说："你这美术老师做得真不错，我们都学到了很多知识，你再教我们学习英语，好吗？妈妈相信你一定会教得不错的!"银贞毫不犹豫地答应下来。为了让她的"大学生"们学好英语,她不仅在课堂上认真听讲,不懂的问题经常向老师求教,还积极做课后练习,力求用生动形象的语言把问题表述明白,让她的"学生"听懂。

银贞的教学成绩得到家人的肯定,她也渐渐相信自己的能力,家庭作业不再依靠爸爸妈妈检查了,在课堂上也勇于主动回答问题了。由于银贞经常给家人"讲课",她的理解能力和表达能力都有所提高,同学们有不会的问题也常向她请教。

**179**

从上课回答问题就脸红到经常为同学讲解问题,从一个害羞的女孩成长为一个充满自信的学生,银贞成功地超越了自我,她的进步令人欣喜,当然,这其中更是凝聚着父母的良苦用心。让孩子"做家长的老师"时产生的自豪感,那种实实在在的自信,是任何单纯的夸奖和鼓励都代替不了的。

阿基米德说:"给我一个支点,我就能撬起地球。"这是何等的豪迈与自信!自信是成功的阶梯,是向上的动力,它能够唤醒沉睡的潜能,鼓起克服困难的勇气。带着自信上路,做自己命运的主宰,你会发现:人生真的很精彩!

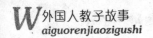
# 给孩子一颗勇敢的心

"踏平坎坷成大道，斗罢艰险又出发，又出发"，《西游记》片尾曲中这几句简单的歌词可谓家喻户晓，剧中主人公孙悟空那英勇无畏的精神更是给人留下了深刻的印象，甚至成为一代代男孩子的童年偶像。"斗罢艰险又出发"，神话故事中的一路豪情似乎也装点了许多孩子童年时的梦。

然而，在现实生活中，不敢一个人在家、不敢向陌生人问路、不敢走夜路等等诸如此类的情况却在不同孩子身上存在着。这就需要家长抓住生活中的平凡小事随时对孩子进行教育，给孩子一颗勇敢的心，他才可能以"敢问路在何方"的胆量，走出一片灿烂前程。

"六一"儿童节，史密斯夫妇带着三个孩子到西雅图的郊区整整玩了一天。天色渐晚，他们才开着车匆忙往家里赶。汽车在笔直的高速公路上行驶，玩了一天的孩子们都有些昏昏欲睡。突然，"砰"的一声响，史密斯紧急刹车后，急忙下去察看。"车胎爆了!"他检查了一下，沮丧地说。

"看来得花点儿时间换个轮胎了。唉呀，糟糕，没有备用轮胎了!"在这个前不着村、后不着店的地方，这真是一个坏消息!

史密斯先生拿出手机给汽车维修站打了个电话。20 分钟后，汽车公司的两个职员来了，他们打算把故障车拖走，将一辆备用车留下给史密斯一家应急。然而，史密斯先生和妻子耳语了一阵后，谢绝了他们的好意，微笑着说出了一句令在场所有的人都瞠目的话："孩子们，咱们今天试着做一个新游戏——走路回家，怎么样?"

此时，夜幕早已降临，黑暗笼罩着大地，四面一片苍茫，寂静得令人心慌。远处偶尔传来几声鸟叫，以及风吹草动发出的簌簌声。天哪，这儿离家还有二十多英里路，要是徒步走，就是大人也得花四五个小时，何况还是几个孩子呢!"不，爸爸，您是在开玩笑吧? 你们看，这夜太可怕了，一点儿亮光都没有!"9 岁的珍妮立刻大叫起来。

"爸爸，您一定是在开玩笑!"家中唯一的男孩——6 岁的男孩迈克倒是很镇静，他根本不相信父亲的话。

"这是真的，孩子们。这附近有一条小路，我们抄近路用不上两个小时就能到家了。不要怕，有爸爸妈妈陪着你们呢，

就当我们进行一次'黑夜历险'吧!"史密斯先生温和地说,语气却格外坚决。

"这可真是个好主意,孩子们,妈妈相信你们是最勇敢的,一定能和爸爸妈妈一起走到家!"史密斯太太也不失时机地鼓励孩子们。

"可是,妈妈,天太黑了,什么都看不见。我害怕,害怕极了!"5岁的玛丽紧紧地抱住妈妈的腰,满脸都是恐惧。

"玛丽,不要怕,有爸爸妈妈陪着你呢!"史密斯夫人摸着女儿的卷发,温和地说。

"不,爸爸!吸血鬼最喜欢在夜里游荡了,他们会吸干我们的血的!"迈克终于明白父母不是在开玩笑,不由得也大叫起来。他眼前仿佛出现了一个青面獠牙、有着血盆大口的怪物。

"啊,吸血鬼!"珍妮下意识地用手捂住了眼睛,仿佛真的看到了令她恐惧的怪物。

"哈哈!孩子们,被吸血鬼吓倒了?这世界上根本就没有吸血鬼,它们和米奇——那只可爱的老鼠——一样,都是人类想象出来的!"史密斯先生故意大笑起来,企图消除孩子们的恐惧心理。

"孩子们,相信我,相信你们的爸爸,他一定会保护我们的!而且,我知道你们也非常勇敢,来,我们一起走!"史密斯太太张开双臂,满怀期待地看着孩子们。"好,我和你们一起走！"迈克上前拉住妈妈的手说。珍妮也迟疑地把小手递给妈妈。"谢谢你们，我可爱的孩子们。"史密斯太太高兴地说。

史密斯先生拉过玛丽的手，说："来，勇敢的孩子们，我们出发吧！"于是，两个大人和三个不到10岁的孩子开始了在漫漫黑夜中的徒步远行。

起初，孩子们都有些害怕，全然没有了白天玩耍时的活泼，只是一声不响地紧抓住父母的手往前赶路。走了一程后，他们大概也渐渐发现，黑夜并不像自己想象中的那么可怕。于是，两个稍大一点儿的孩子松开妈妈的手自己走了起来。

他们来到一片小树林前，从外往里看去，幽暗深邃，望不到尽头。三个孩子又紧张起来，不约而同地停下脚步。"爸爸，我们可不可以换条路走呢？"刚刚壮起点儿胆量的迈克说，珍妮和玛丽也不由自主地紧紧拉住史密斯先生的衣服。

史密斯摸摸迈克的小脑袋，说："我们勇敢的小伙子也害怕了？哈哈，勇敢一点儿，当我们走过时，你们就会发现树林其实并没那么可怕。小动物们估计都已经睡觉了，小心点儿，别吵醒它们啊！"他俯身抱起小玛丽，说："来，爸爸抱你一程，出了树林再自己走！"然后，大步向前走去。迈克和珍妮迟疑了一下，也拉住妈妈的手，向前走去。

树林里一片漆黑，微弱的月光透过斑驳的树影照射下来，他们借助手电筒的光向前走着，终于，走出了树林。小家伙们不由得如释重负，长出一口气。

"孩子们，再回头看看，"史密斯先生激动地说，"你们就是从那片幽暗的树林走过来的，祝贺你们又一次战胜了恐惧！告诉你们个好消息，走近路，我们再有半个小时就能到家了！"

"哇，太棒了！"孩子们立刻欢呼起来，兴奋地往家走去。黑夜似乎不那么可怕了，如水的月光洒向大地，为万物披上了一层银辉。孩子们松开了大人的手，边走边聊，还唱起了歌。稚嫩的歌声回荡在静谧的夜色中，史密斯夫妇欣慰地笑了。

家长通过和孩子们一起走夜路，让他们亲自体会到黑夜并不可怕，也根本不存在所谓吸血鬼之类的怪物。给孩子一颗勇敢的心，帮助他们获得奋勇向前的勇气，一路踏歌而行，送走黑暗，迎来灿烂朝阳。世界上没有比脚更长的路，只有先学会战胜自我，才有可能超越困难，于顶峰处"一览众山小"，自是风光无限！

德国大文豪歌德说："你若失去了财产，你只失去了一点儿；你若失去了荣誉，你就失去了许多；你若失去了勇敢，你就失去了全部。"给自己以勇气，大胆地往前走，你会发现，成功只是一道虚掩的门！

# 珍视孩子提出的每一个问题

"这是什么？""那是什么？""为什么这样？""为什么那样？"大概从两三岁开始，孩子的究理精神就已经萌芽了，他们的问题越来越多，总有一连串的问号出现。他们睁开懵懂的双眼，好奇地打量着色彩缤纷的万物，总希望能更多地了解生活于其中的这个世界。

哈佛大学著名心理学教授塞德兹认为一定要认真对待孩子提出的每一个问题，绝不能敷衍甚至呵斥他们。如果那样，只会抹杀孩子的究理精神，不懂提问的孩子就好像没有翅膀的小鸟一样，终难在理想的天空展翅飞翔。

一天，塞德兹和老朋友哈塞先生正在聊天。小塞德兹拿着一本达尔文进化论的少儿版图书走了过来，加入他们的闲谈中，并开始了自己那无止无休的提问："爸爸，进化论说人是

由猴子变来的，真是这样吗？"

"达尔文的进化论是否完全正确还在探讨中，但是有一定道理的。"

"我不明白，既然人是由猴子变来的，那为什么现在猴子变不成人呢？"儿子问。

"书上不是写了吗？猴子之中的一群进化成了人类，而另一群却没有得到进化，所以他们仍然是猴子。"塞德兹答道。

"这恐怕有问题。"儿子继续怀疑。

"什么问题？"

"既然是进化论，那么所有的猴子都应该进化，而不单单是其中的一群进化。"

"你为什么这样认为呢？"

"我觉得另一群猴子也应该得到进化，变成一群能够上树的人。"

"那不可能，因为事实上，猴子当中的一部分没有得到进化……"塞德兹对儿子的问题已经感到头痛了。

"我不懂，这是为什么？"

"这个理论虽然有些复杂，却是事实。"塞德兹不知道该怎么跟儿子解释清楚这个问题，但他知道自己必须有耐心，决不能打消儿子提问的积极性。

"为什么？"儿子仍然紧抓着问题不放。

于是，塞德兹只好尽自己所能向儿子说明其中的原因：

"据我所知，一群猴子由于某种原因不得不在地面上生存，他们的攀缘能力逐渐退化，渐渐学会了直立行走，经过漫长的进化变成了人类；另一群猴子则仍然生活在树上，所以没有得到进化。"

"我明白了。可是为什么要进化呢？猴子似乎比人更灵活一些啊？"儿子又开始了另一个问题。

"虽然猴子的身体和四肢比人灵活，但人的大脑是最聪明的。"儿子的问题令塞德兹有些哭笑不得，他还是认真回答。

"大脑聪明有什么用呢？又不能像猴子那样可以从一棵树上跳到另一棵树上。"儿子说道。

"身体灵活固然好，但大脑的灵活才是最重要的，因为只有智慧才能创造出文明。"

"文明是什么？为什么要创造文明？"儿子继续问道。

"因为文明代表着进步。"

"可是，为什么要进步呢？"

…………

小塞德兹的问题就像潮水一样，一个刚刚得到解决，另一个又紧随而来，似乎永远也没有穷尽的时候。他的许多问题甚至在成年人看来是可笑或毫无根据的，即使这样，塞德兹先生依然耐心给予解答。他知道，其实并不是自己比其他人更有耐心，而是自己认识到了认真回答孩子问题的重要性。只有珍视孩子提出的每一个问题，才有可能培养他们的究理精神，帮助他们获得探索未知世界的勇气，为以后迈向神秘的宇宙空间奠定坚实的基础！

每个孩子都是降落人间的天使，他们对生活于其中的大千世界充满了强烈的兴趣。家长应该用爱心去呵护，帮他们把脑海中的问号拉直；用理性去引导，为他们插上科学的翅膀，飞向更广阔的天空！

# 爱，从倾听开始

　　生活在高科技飞速发展的现代社会，我们习惯于在激昂的交响乐中舒展灵魂，在轻柔的小夜曲中洗去满身尘埃，却很少有人觅得一份恬静去倾听自然界那优美的旋律。细雨微风、鸟语虫鸣、潮水袭岸，那是有声的音乐；万木吐绿、花开花谢、云卷云舒，这是无声的音乐。

　　自然界中生命的律动，有的人可能感觉不到，这只是生活态度的差别。但是，身为父母，你是否曾跟上孩子成长的脚步，聆听过他们的心声？错过花开的声音，你失去的可能只是一季春天；忽略与孩子沟通，你失去的恐怕将是整个世界。

　　许多家长为孩子提供了优裕的物质条件，却很少尝试去走进孩子的精神世界。他们宁愿与知己诉说自己孩子如何不听话、如何不理解父母，却不愿花时间弄清楚孩子到底是怎么想

的，去聆听他们的心声。这是不负责任的行为。美国著名教育家斯特娜夫人认为，对孩子的教育应该建立在了解的基础上，她列举了自己女儿的例子来说明沟通的必要性。

维尼夫雷特 4 岁的时候，有一段时间非常淘气。她每天似乎有意弄乱房间中的各种物品，并且动不动就发脾气。当斯特娜问女儿原因时，她反而变本加厉。起初，斯特娜没有理会女儿，而是回到自己的房间继续工作。后来，女儿的房间里传来哭声，她才压住怒火，走过去，问："怎么了，维尼夫雷特，有什么不顺心的事吗?"女儿并不回答，仍然伤心地哭着。

斯特娜夫人压住怒火，用柔和的语气说："我一直认为你是个听话的好孩子，所以你乱扔东西时没有骂你，我想你一定有什么不高兴的事。告诉妈妈，好吗? 说不定我能够帮助你。"

维尼夫雷特扑到妈妈怀里，放声哭了起来。她一边哭一边说："妈妈，我觉得自己好孤独呀！您总不理我，整天关在书房里写字，您一点儿也不在乎我……"

在女儿的哭诉中，斯特娜夫人终于弄清了事实。原来，那一段时间她工作比较忙，要完成很多稿件，所以没有像平时那样陪女儿。没想到，这竟然让女儿感到痛苦。斯特娜夫人急忙解释，说妈妈是最爱她的了，等忙完工作一定好好陪她。但是，女儿也应该理解妈妈，毕竟妈妈还有工作要做，生活不能完全凭自己的意愿来。就这样，女儿知道妈妈仍然爱她之后，再也没有无故捣乱的举动了。

任何事情都有原因，有时候孩子的过分举动只是为了吸引父母的注意，由于年龄的关系，他们可能还不知道如何确切表达自己的想法。父母有责任发挥疏导作用，引导孩子说出心里话，实现亲子之间的有效沟通。

仔细倾听孩子的诉说并耐心回答他们的问题，不仅有助于加深亲子关系，还可以使孩子加强对父母的信任感和安全感。调查结果显示，经常与父母交流的孩子更自信，走上社会后他们更善于与人交往并积极表达自己的见解。

一位母亲问她 5 岁的儿子："假如妈妈和你一起出去玩，我们口渴了，一时又找不到水，而你的小书包里恰巧有两个苹果，你打算怎么做呢？"

儿子奶声奶气地说："我会把每个苹果都咬上一口。"

天哪，怎么会是这样的答案？虽然儿子年纪尚小，母亲心里多多少少还是感到失落。她本想教育儿子一番，告诉他该怎么做。可是，话到嘴边，这位母亲突然改变了主意。她握住儿子的手，轻声问："宝宝，能告诉妈妈你为什么要这样做吗？"

儿子眨眨稚气的双眼，天真地说："因为我想把最甜的那个留给妈妈！"

刹那间，母亲的眼睛湿润了，她把儿子紧紧搂在怀里。她在为儿子的懂事而自豪，更在为自己给了儿子把话说完的机会而庆幸！

每一滴水都有一颗晶莹的心，孩子的内心世界更是纯真、多彩的。与孩子平等交流，他们也会乐于向你敞开心扉。多一份尊重，多一份耐心，尝试走进孩子的精神世界，学会聆听他们成长的心声，你获得的将是一份别样的惊喜，一份来自心灵深处的感动！

# 让孩子自己玩

　　著名教育家赞科夫说："凡是儿童能够理解和感受的一切，都应当让他们自己去理解和感受。"家长不仅要重视培养孩子独立生活的能力，同时要还给他们自己玩的权利。玩，可以说是儿童的主要活动。在玩耍中，他们锻炼了动手、动脑的能力，强化了与人合作的本领，加深了对世界的理解和认知。

　　玩，本是最能展现儿童天性的大舞台。家长过分呵护孩子，干涉他们的一举一动，却可能扼杀孩子的这种天性，使他们渐渐失去往日的活泼，甚至变得离群索居。其实，孩子不是不喜欢玩，他们只是不喜欢在父母"保护"下玩而已。

　　"嗨！看我的。" 5岁的珍妮在荡秋千。"哇，好棒啊！"周围的小朋友都叫起好来。珍妮越荡越高，玩得非常开心，空气中散落了一串串银铃般的笑声。

　　珍妮妈妈看着女儿和小伙伴们玩得那么高兴，暗自欣喜，心想，幸好听从了丈夫的建议，让女儿自己玩，好久没听到她这么爽朗的笑声了！

　　以前，每当珍妮出去玩的时候，妈妈都会坐在一旁看着她，生怕女儿出什么差错。如果珍妮问："妈妈，我可以荡秋千吗?"

　　"当然可以了，宝贝儿，让我领着你，小心，别伤着。"妈妈一边说一边拉着珍妮走向秋千，"妈妈来推你吧!"

　　"妈妈，让我自己玩，好吗?"珍妮恳求道。

　　"万一掉下来怎么办? 还是我来推你吧，你坐好了，一定要抓紧。"

　　珍妮安静地坐在秋千椅上，任妈妈推着荡来荡去。这样玩太没意思了! 很快珍妮就厌烦了，从椅子上滑了下来。"小心，你这孩子，想下来也不说一声，"妈妈一边说一边迅速拉住她的手，"万一被荡来荡去的秋千碰伤怎么办?"

　　妈妈领着珍妮走过单杠。珍妮看到其他小孩在上面不停翻转，又倒挂在单杠上，不由得也起了玩心，对妈妈说："妈妈，我也想玩单杠。""不，珍妮，那太危险了，摔下来可不是好玩的，我们还是去坐滑梯吧，那个安全一些。"

　　珍妮小心翼翼地爬上了滑梯。她坐下，两只手紧紧抓住滑梯的扶手。"等一等! 等那几个孩子滑完了你再滑，否则他们会撞到你的。好了，你现在可以滑下来了。"在妈妈的"督导"

下，珍妮滑了几次，就觉得没意思了："妈妈，我累了，咱们回家吧！"

渐渐地，珍妮不喜欢出去玩了，她失去了往日的活泼，总是安静地呆在那里。父母看到女儿变成这样，都非常着急，又找不到原因所在。他们去咨询心理医生，在医生的帮助下，珍妮妈妈反思了自己的方式：她总是怕女儿受到什么伤害，结果在自己亦步亦趋的保护下，女儿很少开心地玩、大声地笑。显然，珍妮玩得并不开心。

于是，珍妮妈妈尝试着让女儿任意玩自己喜欢的游戏。她对女儿说："珍妮，你自己去玩，好吗？妈妈在这里等你！""好啊，妈妈，我会照顾好自己的！"珍妮蹦蹦跳跳地跑了。她来到滑梯旁，跟在小伙伴的后面往下滑。看得出来，珍妮还有些害怕，但她玩得很尽兴，远远就能听到她的笑声。接着，珍妮又去跳沙堆，玩得满头大汗，才跑到妈妈身旁，兴奋地说："妈妈，我们回家吧！"

"哦，宝贝儿，你表现得太棒了，以后妈妈就让你自己玩，好吗？"听了妈妈的话，珍妮高兴地跳了起来。

从那以后，妈妈总是让珍妮自己去玩，有时去游乐场玩过山车之类比较危险的游戏，妈妈也会鼓励她："宝贝儿，相信自己，你一定能行的！"珍妮从妈妈那里获得了勇气，做什么都很主动，完成得也很出色，性格渐渐开朗起来。

玩，是儿童的天性，在游戏中他们锻炼了与同伴交往、合

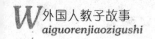
作的能力，在游戏中他们开始接触大自然、了解自己生活于其中的这个世界。玩，激发了他们的好奇心，锻炼了他们的创造力，为他们插上想象的翅膀去探索神秘的未知世界。积极做各种各样的游戏，也是对孩子智商、情商、胆商的培养，有利于帮助孩子塑造健全的人格。

法国儿童心理学家阿涅丝·桑托·费德尔指出，给孩子充分的时间，让他们自己玩，这样才能培养孩子的自主能力。孩子有自己的兴趣爱好，有自己的交际圈子，家长、老师应该多为他们提供独立的空间，让孩子选择自己喜欢的游戏和同伴一起玩。孩子才是游戏的主人，我们只是他们的支持者、引导者，切不可把孩子当成任意操纵的木偶，过分地呵护孩子只会打消他们玩的兴趣。孩子可以生活在家长爱的视线里，但是，不能在家长爱的羽翼下成长。我们必须大胆地放飞，帮他们寻回失落的翅膀，让他们在更广阔的天空自由翱翔！

# 让孩子学会控制自己的情绪

潮起潮落，花开花谢，春去秋来，北雁南飞，万物都在循环往复的变化之中。人的情绪受外界感染，也难免有好坏之分，甚至每个人内心都有一个冲动的魔鬼，它跃跃欲试，随时准备出来影响人们的正常行动。我们无法完全摆脱外物的干扰，只能尽量让自己远离情绪污染，在平常心的支配下，善待每一个人，做好每一件事。

美国总统艾森豪威尔回忆了自己10岁那年发生的一件事。当时，父母允许他的两个哥哥在圣诞节前去远足，却坚决不同意他去。小艾森豪威尔非常气愤，不顾一切地冲向屋外，攥紧拳头狠狠地向院里的一棵苹果树击去。他一面哭，一面打，甚至双拳打得血肉模糊都没有感觉到疼痛。最后，父亲把他拖回房间，但并没有呵斥他。

母亲默默地为他涂上止疼药，缠上绷带后，就出去了。又气又怒的小艾森豪威尔倒在床上大哭了近一个小时。直到他平静后，母亲才进来对他说："能控制自己情绪的人要比能拿下一座城市的人更伟大。发怒伤害的只是自己，对事情毫无用处，你必须学会控制自己的情绪。"母亲的告诫深深印在艾森豪威尔的心中。在他76岁时，他还写道："我经常会回想起那次谈话，把它看做是我一生中最珍贵的时刻之一。"

还有一个脾气很坏的男孩，常常言行粗鲁，伤害别人。父亲给了他一袋钉子，告诉他，每次发脾气或者跟别人吵架以后，就在门前的木栅栏上钉一根钉子。第一天，男孩钉了37根钉子。以后的日子里，他逐渐学着控制自己的脾气，每天钉的钉子越来越少。

终于有一天，一根钉子都没有钉，男孩高兴地告诉父亲。父亲说："很好。以后每当你化解了与别人的矛盾，就从木栅栏上拔掉一根钉子。"日子一天天过去，最后，木栅栏上的钉子都被拔光了。

男孩非常高兴，父亲却平静地带他来到木栅栏旁，指着上面密密麻麻的钉子眼说："孩子，你因脾气暴躁伤害别人后，自己可能很快就忘记了，留在人们心上的伤疤却像这些钉子眼一样难以消除。要知道，伤害一个人容易，恢复美好的情感并不容易。"

在别人身体里插一把刀，即使伤口愈合了，伤疤仍然存在，心灵上的伤痕就更加难以修复了。坏脾气就像一把双刃剑，在伤害别人的同时，也伤害了自己。给冰一定的温度，冰可以融化成水，怒火中烧时的伤害留下的可能却是永远的心碎。

著名成功学大师奥格·曼狄诺说："弱者任思绪控制行为，强者让行为控制思绪。"以平和的心态面对缤纷世相，花开喜其丰盈，花落感其圆满，于云卷云舒处漫看一份随意与自然；以"不管风吹浪打，胜似闲庭信步"的大气与豪情，于世事的潮起潮落中求得一份淡定与从容。如此，你我也能做控制思绪的强者，将生活掌控在自己手中！

# 不宜用物质奖励孩子

心理学家雷珀曾经做过这样一个实验：他将一些喜欢绘画的孩子分成两组，对A组的孩子许诺说："如果画得好，就可以得到奖品。"对B组的孩子却只是说："我想看看你们的画。"两组孩子都高兴地画了起来。结果，A组的孩子得到了奖品，B组的孩子得到了几句赞美的话。三个星期以后，雷珀发现，A组的孩子对绘画的兴趣明显降低，很少主动去画，而B组的孩子则和以前一样喜欢绘画。

这个实验曾在不同国家、不同兴趣组里进行，同样的结果得到了反复验证。"雷珀实验"的结果显示，奖品固然可以强化孩子的某种良性行为，但是它又存在这样的危险，即孩子只对奖品本身感兴趣而对被奖行为失去兴趣。

美国著名教育家斯特娜夫人认为，对孩子的鼓励和赞赏应该把注意力放在他们的行为本身，而不能将对孩子的个人评价与所做的事联系起来，更不能以此来表示是否爱孩子。在她的教导下，女儿维尼夫雷特不仅做好自己该做的事，还常常做一些力所能及的家务事。斯特娜夫人也只是用一种简单的方式对女儿表示鼓励或赞赏，而从不用物质奖励她。

一天，维尼夫雷特趁妈妈不在家时把屋外的花园收拾得干干净净。斯特娜夫人到家时，发现花园竟是如此清洁美丽，非常高兴。但是，她并没有过多地夸奖女儿，只是说女儿把花园收拾得这么漂亮，确实很能干。当维尼夫雷特要额外的奖励时，斯特娜夫人告诉女儿，花园很美，这本身就是对她的最好奖励。

父母在肯定孩子的行为时，不要与其他事情相联系，否则容易让孩子产生做事就是为了得到某种报酬的错觉，不利于他们形成正确的价值观。这一点在孩子成长的道路上至关重要，可恰恰容易被大多数父母忽视，斯特娜夫人的邻居安斯特丽太太就是这样。当她回家发现儿子把房间打扫得干干净净时，禁不住激动地亲吻孩子："宝贝儿，你简直太好了，我喜欢你，我希望你的哥哥也能像你一样勤劳，基于你今天的表现，我给你两美元零花钱。"

安斯特丽太太的做法是很不明智的。她将孩子本身的好坏与他是否做事联系起来，与自己是否爱孩子联系起来。这很容易使孩子产生疑问，如果他不做这件事，母亲是否依然爱他

呢？另外，孩子仅是做了一件力所能及的事，就得到母亲如此赞美并给予金钱奖励。久而久之，他会把做事的结果和奖励联系起来，甚至为了奖励而去做事。如果有一天，母亲因为太忙而忽略夸奖孩子或忘记给他钱，那么，孩子做事的积极性很可能会受到打击。

父母的鼓励或认同如同缕缕清风，能为孩子驱散失意的乌云，帮助他们获得克服困难的勇气，披荆斩棘，向着更高远的目标前进。滥用的物质奖励则如同一把双刃剑，在激励孩子的同时，使他们不自觉地被物质的欲念蒙住双眼，而逐渐导致一切"向钱看"。因此，与其用物质奖励孩子，不如多给他们一些精神鼓励，让他们在快乐中丰富自己的内心世界，在主动求索中展现多彩人生！